精神障害・発達障害のある方とともに働くためのQ&A50

～採用から定着まで～

眞保智子 編著

日本加除出版株式会社

はじめに

精神障害のある方が求職することが当たり前になるまでには長い時間がかかりました。現在のような障害者雇用の枠組みは，1960（昭和35）年に制定された身体障害者雇用促進法により拓かれました。今からちょうど60年前のことです。名前のとおり，法律の対象となるのは身体障害のある方だけでした。この法律は，1987（昭和62）年に改正され，法律の名称から「身体」が外れ，現在の障害者雇用促進法（正式名称は「障害者の雇用の促進等に関する法律」）となりました。しかし，雇用の場に知的障害のある方が本格的な参入をされるのは1997（平成９）年改正法前後から，精神障害のある方については，2013（平成25）年改正法により2018（平成30）年前後からと申し上げてもよいでしょう。

しかし，それよりずっと以前から精神障害のある方たちは，地域の中で働く場を模索し続けてきましたし，そうした方たちとご縁をいただき，お話を聞かせていただくと，きまって「働きたい」，「就職したい」と仕事に就く話になりました。現実には，働きたい意欲はあっても大人になっていて働いた経験がない，となると就職には苦労されていましたし，体調の不安定さからフルタイムで働くことが難しいとなると，門戸はなかなか開きませんでした。無理もありません。企業の方から「精神障害のある方と接したことがない」，「発達障害という言葉は聞くけれど実はよくわからない」，「障害者雇用は不安だらけ」というお話をお聞きし，まずは知っていただくことが大切だと思いました。わたしが企業の方から多くお聞きした疑問やお悩みについてわかりやすくお伝えしたい，そんな思いがこの本の出発点でした。働く方法は「雇用」だけではありませんが，本書は雇用を主軸とすることにしました。「障害」の表記は，法律の表記に統一してあります。

興味のある部分，必要な部分から読み始められるようにQ&A形式としました。事例は，初めての方でもイメージしていただきやすいように，具体性を重視しましたが，実際にあったケースそのままではありません。あくまで多くある例として加工してあります。それでも現場でよく起きる課題解決に役立つ実践知を集められたと思っています。１人でも多くの方が障害者雇用に関心を寄せ，雇用に向けた一歩を踏みだしていただけたら幸いです。

2020年７月

編著者　眞保　智子

凡　例

文中に掲げる法令は，次の略記とする。

- 障害者の雇用の促進等に関する法律
（昭和 35 年法律第 123 号）
→　障害者雇用促進法
- 障害者の日常生活及び社会生活を総合的に支援するための法律
（平成 17 年法律第 123 号）
※障害者自立支援法の改正（平成 24 年法律第 51 号）により改称
→　障害者総合支援法
- 障害を理由とする差別の解消の推進に関する法律
（平成 25 年法律第 65 号）
→　障害者差別解消法

目　　次

第１章　就労支援機関，就労を支援する専門職とは

第2章　採用プロセスでのあれこれ

第3章　どうする？　合理的配慮

第4章　職場に適応，職場が適応していくためには

第５章　発達障害のある方とともに働くには

第 1 章

就労支援機関，就労を支援する専門職とは

初めて障害者雇用に取り組む企業の方から，“「支援機関」や「支援者」という言葉をよく聞くけれど，似ている名前が多く混乱する”と伺うことがしばしばあります。障害のある方が安定的に仕事を続けるための福祉制度の枠組みに加え，医療，行政など職業生活を支える多くの組織，人々について，障害者雇用の実際の活動を通じて紹介します。

Question 1

ハローワークの活用と主な支援制度

障害者雇用の求人は，どこに出したらよいのでしょうか？

会社で人事担当をしており，役員や上司から「障害者を雇用するように」と言われています。ただ，当社では今まで障害のある方を雇い入れたことがなく，どうすれば採用できるのかわかりません。また，仕事を探している障害のある方がどこにいるのかの情報もありません。聞くところによると，ハローワークで相談できるようですが，どのような相談ができるのでしょうか？　民間の職業紹介会社などもあるようで，その違いもよくわかっていません……。

A ☑ 障害者の募集・採用のお悩みは，まずハローワークへ！

障害者雇用に関して相談できる公的機関には，ハローワーク（正式には公共職業安定所。全国544か所），地域障害者職業センター（全国47か所＋5支所），障害者就業・生活支援センター（全国335か所）の３つがあり，いずれも無料で相談できます（令和２年４月１日時点）。障害のある方の募集・採用活動に際して，「障害者求人」の取扱いや，就職を希望している「障害者の職業紹介」については，ハローワークが行っていますので，ここではハローワークの役割と利用方法について紹介します（地域障害者職業センターと障害者就業・生活支援センターについては，**Ｑ２（6頁）**とＱ３**（10頁）**で紹介します。）。

各地域のハローワークには，障害者専門の職業相談・職業紹介窓口があり，就職を希望する多くの障害のある方がハローワークに求職登録しています（令和元年度新規求職申込件数：223,229件（全国））。障害のある方の採用を考えているのであれば，まずは最寄りのハローワークに相談するとよいでしょう。

具体的には，専門の職員や職業相談員が，障害のある求職者に対して，きめ細かな職業相談，職業紹介などを行うとともに，企業に対しては，雇用管理上の配慮などについて助言するほか，必要に応じて，専門の支援機関（地域障害者職業センター，障害者就業・生活支援センターなど）や，助成金などの各種支援策の案内も行っています。利用方法については，最寄りのハローワークに，電話や訪問などで問い合わせてみると，各企業の必要に応じた案内を受けることができるでしょう。

具体的な労働条件（職種，賃金，労働時間，雇用形態など）が決まっていれば，「障害者求人」の申込みをすることができます。その際，求人票の書き方についても，ハローワークでアドバイスを受けることができますし，ハローワークなどの紹介により雇用した場合は，特定求職者雇用開発助成金の支給対象となる場合もあります。

また，ハローワークでは，求職活動をしている障害のある方々と複数の企業が一堂に会する障害者就職面接会を開催しています。近年は，精神障害のある求職者が増加しており，人材の幅が広がっています。近年は，精神障害のある求職者が増加しており，人材の幅が広がっています。開催回数や時期については，最寄りのハローワークに問い合わせてみるとよいでしょう。

☑ 求職中の方が利用している支援機関と主な支援制度

ハローワークやハローワークと連携関係にある，地域障害者職業センター，障害者就業・生活支援センター，就労移行支援事業所，障害者職業能力開発校，特別支援学校などを障害者雇用の現場では支援機関と呼ぶことがあります。これらの支援機関には，就職に向けた準備のための支援や職業訓練，職業教育などを受けている方々が多数登録されていますので，詳しくは最寄りのハローワークに聞いてみるとよいでしょう。

障害者雇用を考える場合，「採用」とあわせて，「雇用継続」のための取組も大切になります。例えば，障害者を雇用したことがない企業などに対しては，障害者の職場実習（※１）の受入れを推進しており，職場実習を経て雇用することで，障害者本人と企業との相互理解を深め，よりよい雇用環境を整備することができます。

また，ハローワークからの求職者の紹介と関連して，能力や適性を見極めながら継続雇用を目指す「トライアル雇用」（※２）を利用できる場合や，実際の職場で具体的に雇用管理のノウハウの助言を受けられる，地域障害者職業センターの「ジョブコーチ支援」（※３）を利用できる場合もありますので，あわせて検討してみるとよいでしょう。

☑ その他の人材紹介サービスについて

ハローワーク以外の採用ルートについては，民間の職業紹介事業者などがありますが，料金設定も含めて個々の事業者によりサービス内容は様々ですので，個別に問い合わせてみるとよいでしょう。

また，各企業が自社のホームページに障害者の採用情報を掲載して，募集・採用活動を行うケースも増えてきています。

Extra

※１　独立行政法人高齢・障害・求職者雇用支援機構の各都道府県支部が窓口になっている「障害者職場実習支援事業」などがある。

※２　原則３か月であるが，精神障害のある方の場合は，原則６か月，最大 12 か月までの期間設定となっている。また，すぐに週 20 時間以上の勤務が難しい精神障害や発達障害のある方の場合は，週 10 ～ 20 時間から始めて最大 12 か月間かけて週 20 時間以上の就業を目指していく「障害者短時間トライアル雇用」もある。

※３　地域障害者職業センターのジョブコーチ（職場適応支援の専門家）が職場を訪問し，障害のある方と職場の上司や同僚の双方に対して，障害特性を踏まえた直接的・専門的な支援を行う。

〈参考文献等〉

- 厚生労働省「障害者雇用のご案内～共に働くを当たり前に～」（平成 30 年４月１日現在）（https://www.mhlw.go.jp/file/06-Seisakujouhou-11600000-Shokugyouanteikyoku/0000201963.pdf）（2020.7.10 アクセス）

- 独立行政法人高齢・障害・求職者雇用支援機構「はじめからわかる障害者雇用～事業主のためのＱ＆Ａ集」(2019年9月版）(https://www.jeed.or.jp/disability/data/handbook/qa.html)（2020.7.10 アクセス）
- 独立行政法人高齢・障害・求職者雇用支援機構「令和２年版障害者職業生活相談員資格認定講習テキスト」(令和２年６月）(https://www.jeed.or.jp/disability/data/handbook/guidebook/koshu_text.html)（2020.7.10 アクセス）

Question 2

障害者職業センターの精神障害者総合雇用支援（リワーク支援）

うつ病で休職中の社員がいますが，職場復帰の相談ができるところはありますか？

当社には，うつ病のために２回目の休職をしている社員がいます。前回は休職から半年後には復職したものの，本人もこちらも焦ってしまったところがあり，結局また調子を崩して出勤できなくなってしまいました。安定して働き続けてもらうために，円滑に職場復帰するにはどうしたらよいか相談できるところはあるのでしょうか？

A 「障害者職業センター」は，職場復帰の支援も行っています

地域障害者職業センターは，独立行政法人高齢・障害・求職者雇用支援機構が全国に 47 か所（＋５支所）設置・運営しており，職業リハビリテーション（※１）の専門家である障害者職業カウンセラーが配置されています。

ここでは，就職を目指す障害のある方の職業評価や職業準備のための支援，職場適応を図るためのジョブコーチ支援，復職を目指すリワーク支援（※２）などを行っており，近年は，精神障害，発達障害，高次脳機能障害のある方の利用が大半になっています。

また，障害者雇用を進める企業への雇用管理に関する専門的な助言・援助（職務の切出しや社内研修の実施などを含む），さらには，関係機関に対する技術的な助言・援助や実務的研修なども行っています。

障害者職業センターのリワーク支援について

うつ病などの精神疾患の方に対する公的な復職支援サービスである，地域

障害者職業センターのリワーク支援について紹介します。

リワーク支援は，障害者職業カウンセラーが，休職者本人，会社（事業主），主治医をコーディネートし，職場復帰に向けた三者の合意形成を図った上で実施されます。精神障害者保健福祉手帳の取得は必要ありませんが，主治医からの診断書などにより，うつ病などの精神疾患があること，体調面で職場復帰に向けた取組に問題ないことが確認できる方を対象としています。なお，費用は無料ですが，公務員は対象外となっています。

具体的な支援内容について，休職者本人に対しては，①生活リズムの構築と体調や気分の自己管理，②基礎体力・集中力・持久力などの向上，③ストレス対処法・対人スキル習得，などを目的として，作業課題やグループミーティング，ストレス対処のための講習など，様々なプログラムを行います。標準的な支援期間は３か月です。

また，本人の支援と並行して，会社に対しては，①職場復帰に係る労働条件・職務内容の設定方法などに関する助言・援助，②職場の上司や同僚等に対する本人の病気の状況及び職場復帰に当たっての留意事項などの理解促進に関する助言・援助，③職場復帰後の本人の状況把握のポイント及び状況に応じた対応方法などの雇用管理に関する助言・援助などを行います。

リワーク支援期間の中間時や終了時に，本人，会社，障害者職業カウンセラーなどの関係者が参加するケース会議を実施し，支援の実施状況や進捗，復職のための必要事項の確認などを参加者間で共有し，その後の復職に向けた進め方について協議を行います。これらを通して，本人として復職への意欲や自信を高めるとともに，復職後に再発しないための働き方なども見直していくことになりますし，また，復帰先の職場（会社）においても，勤務を安定させるために必要な就業上の配慮を検討していくこととなります。

このように，単に「職場復帰」を目指すだけではなく，復職後の「安定勤務」をうまく図ることができるようにしていくことが大切になります。

なお，リワーク支援終了後については，必要に応じて地域障害者職業センターのジョブコーチ支援により，復帰後の適応を手厚く支援（例：リワーク支援中に習得した対処スキルの実際の活用法を現場でフォロー）することも検討できます。また，地域障害者職業センターにおいては，うつ病以外の精神疾患，発達障害や高次脳機能障害のある休職者の職場復帰についても支援しています。

☑ 民間の医療機関などの復職支援について

リワーク支援以外の復職支援については，民間の医療機関やいわゆるEAP（※3）提供機関などが，有料で，復職支援プログラム，リワークプログラム，デイケアなどの名称で行っているものも多数ありますので，個別に問い合わせてみるとよいでしょう。

最後に，民間の医療機関が行う復職支援との関係について少し触れます。地域障害者職業センターのリワーク支援は，本人のみならず会社（事業主）も支援対象とした「雇用支援」の一環であることが大きな特徴ですが，一方で，医療機関が行う復職支援は，一般的に医師や医療スタッフによる「治療」の一環として位置づけられ，患者を対象とした病状回復や再発予防に取り組むプログラムとなっているのが特徴です。

地域によっては，医療機関が実施する復職支援のプログラムやデイケアと，地域障害者職業センターのリワーク支援とで役割分担をしながら，連携して復職支援を行っている事例も出てきているところです。

Extra

※1　障害者に対して職業指導，職業訓練，職業紹介のほか，就職後の職場適応，職場定着に係る支援などの措置を講じ，障害者の職業生活における自立を図ること（障害者雇用促進法に基づく定義）。

※2　「復職」の Return to work を意味している。

※3　Employee Assistance Program（従業員援助プログラム）。職場のメンタルヘルスの基本である治療よりも予防に力をいれ，社員が働きやすい職場をつくることで生産性を上げようとするもの。

〈参考文献等〉

- 厚生労働省・中央労働災害防止協会「心の健康問題により休業した労働者の職場復帰支援の手引き」（https://www.mhlw.go.jp/new-info/kobetu/roudou/gyousei/anzen/dl/101004-1.pdf）（2020.7.10 アクセス）

- 日本 EAP 協会「EAP とは」(http://eapaj.umin.ac.jp/gaiyo.html)(2020.7.10 アクセス)
- 独立行政法人高齢・障害・求職者雇用支援機構「障害者雇用マニュアル(コミック版4)精神障害者と働く」(2019 年 9 月版)(https://www.jeed.or.jp/disability/data/handbook/manual/emp_ls_comic04.html)(2020.7.10 アクセス)
- 独立行政法人高齢・障害・求職者雇用支援機構「職場復帰支援(リワーク支援)〜ご利用者の声〜」(http://www.jeed.or.jp/disability/person/om5ru800000008j6-att/om5ru800000008my.pdf)(2020.7.10 アクセス)

Question 3

障害者就業・生活支援センターの機能と活用法

"ナカポツ", "シュウポツ" とは何ですか？

「初めての障害者雇用企業向けセミナー」に参加してきました。精神障害者を多数雇用して，現場で活躍している企業の事例を聞き，当社の業務内容であれば，採用していける可能性があると思いました。今まで障害者雇用の経験がなく，何から始めていけばよいのか，障害者雇用に関わることを全般的に相談できるところがあるのか，セミナーの主催者に相談したところ，「ナカポツセンターに行くとよいですよ」と言われました。「ナカポツセンター」とは一体何でしょうか？

採用前から採用後も支援を継続できる支援機関 "ナカポツ", "シュウポツ"

障害者就業・生活支援センターは，名称が長いことから名称の中ほどにある「・」に注目して，主に東日本では「ナカポツ」あるいは「ナカポツセンター」，近畿圏では「・」の前に就労の「就」の文字をつけて「シュウポツ」と呼ばれることが多いようです（※１）。就業を継続するために必要な生活上の課題に対して障害のある方を支援する生活支援と就職するための支援を障害のある方と採用を考えている企業の両方に行うところがその機能の特徴です。具体的には，①就業支援，②生活支援，③事業主支援を行っています。事例は，③事業主支援のケースに該当します。以下の３つのステップを通じて採用につなげました。

Step 1　訪問相談で仕事の見極め

事例のような障害者雇用を初めて行う企業の方は，「障害のある方にどのような仕事を任せたらよいか」，「職場でどのような配慮をしたらよいのか」，この点に不安を持たれていることが多いです。まずは「ナカポツ」の支援者が会社訪問をして，職場の各部署を見学して，前述の２点に対して具体的な提案をしていきます。例えば，事務所ではパソコンを使った入力作業や伝票整理，ファイリングなどの業務，製造現場では複雑な機械操作や経験を伴わない製品検査や箱詰めの業務，また，現在は社員の方が交代で行っているトイレや従業員食堂の清掃，駐車場の除草作業など幅広い業務が担える可能性があります。実際に企業の人事担当者と現場で話し合いながら，障害のある方が担える仕事の見極めを行います。

Step 2　職場の中での理解を進める

担える仕事のイメージができた後，人事担当者から担当部署の所属長に情報共有をする際に，所属長から多く寄せられる不安は，「実際にその業務ができるのかどうか」，「その人にはどのような障害があってどう関わったらよいのか」の２点です。そこで以下のような方法を提案し，それぞれのコーディネートを行います。

- 同業種で障害者雇用を進めている企業へ見学に行く
- 障害者雇用について従業員向けの社内研修を開催する
- 地域で就職を目標としている障害者が訓練している施設へ見学に行く
- 職場体験実習制度（※２）を活用して雇用前に働けるか，採用できるか双方で確認をする

事例のケースでは，障害者雇用について従業員向けの社内研修（障害者法定雇用率制度や障害特性，配慮事項や関わり方）を行いました。その結果，障害者雇用は難しいというイメージがやわらぎ，まずは就職を希望する方に職場を見学してもらうこと，職場体験実習制度を活用して障害のある求職者の方に仕事や職場環境を体験してもらいたい，ということになりました。職場体験実習は，障害のある求職者がその職場で働けるか，働きたいか，企業側も採用することが可能か，具体的なイメージができるメリットがあります。

Step 3　職場体験実習を通じてお互いを知ることから採用に

職場体験実習制度を利用したいという相談が企業からあった場合，“ナカポツ”，近畿圏は“シュウポツ”（以下ナカポツ）では，登録されている障害のある方の中から希望の職種や通勤事情，障害特性などを勘案するとともに，訪問相談や企業内研修を通じて把握した企業側の状況やニーズなどを総合的

に判断して実習を行う方を紹介します。このように両者のニーズをくみ取って調整することが障害のある方と企業側双方から信頼を得ることができると考えています。

実際に事例にあげたケースでは，製造業の企業で，検査や箱詰めの仕事の経験がある精神障害のある方が見学し，職場体験実習制度を使って５日間の体験から始めてみることになりました。そして，初日こそ緊張もありましたが，５日間無事に職場体験実習が終了しました。実習終了後は必ずナカポツの職員と企業の人事担当者も同席して，職場体験実習を振り返る機会を設けます。事例であげたケースでは，障害のある方の就職の意思を確認し，職場の担当者も仕事ぶりから十分に仕事ができることを確認しました。企業がハローワークに求人を出し，障害のある方がハローワークの書類を持参して面接を経て採用となりました。

☑ 働き続ける・安定的な雇用を続けるために大切なこと―生活支援と定着支援

働き始めるに当たって，ナカポツのスタッフが同席し，無理のない勤務時間を一緒に考え，会社に対して配慮事項について確認をします。事例にあげたケースでは，本人の希望もあって初めは５時間の勤務からスタートして，徐々に慣れたら１時間ずつ勤務時間を延長していく方針を確認しました。定期的な通院を確保するように１か月に１回平日受診のために，半日の休暇ができる配慮も調整しました。採用後はナカポツのスタッフが定期的に職場訪問をして，定着支援を行います。

定着支援は，会社に相談しづらい人間関係が関わること等をナカポツの職員に相談できることや，企業としても，本人に直接聞きづらい案件などを確認する際に相談できます。企業側と障害のある社員の方の間に入ってお互いの困りごとの相談と解決に向けた調整を行えることが，採用後の定着につながっているとされています。

ナカポツの支援は事例に挙げたケースである事業主支援だけでなく，障害のある方を対象に，働くために必要な生活支援も行っています。生活支援の中で，事業主からの相談を受けることもあります。例えば，採用した従業員の勤務時間の延長を検討している際に，時間延長をすることに無理のない状況であるか，などの相談です。こうした場合，主治医から意見を聞く必要があることがあります。そのような場合に医療機関への受診同行を行うこともあります。またいつもと違った様子が職場で見られたときに，企業側から相談があり，家庭での生活状況を家族へ聞いて，障害のある社員の方と面談することもあります。

企業と継続的な関係性を構築しているナカポツには，企業の人事担当者から「障害者雇用を進めるためのノウハウをたくさん提供してもらいました」という声が寄せられるなど，一定の評価がなされています。雇用するまでが障害者雇用の目的ではなく，障害のある方と企業がお互いに理解をしあった中で，働き続けられること，安定して雇用し続けていくことができる環境を，障害者雇用に関わるナカポツなど支援機関も含めた関係者で作っていくことが成功のポイントの１つではないでしょうか。

Extra

※１　全国に設置されている障害者就業・生活支援センターの通称。全国に 334 センター（平成 30 年度現在）が設置されており，厚生労働省と各都道府県から委託を受けて，全国の社会福祉法人や医療法人等の団体が事業を運営している。センターの活動は，①就業支援，②生活支援，③事業主支援の３つの支援を中心に活動を行う。また，家庭や医療機関など様々な機関との調整やナカポツセンター以外の支援が必要な場合は，他機関との連携も行い，地域の就業支援をコーディネートしている支援機関である。

※２　雇用契約を結ぶ前に，企業側として「採用できるか」，障害者側は「この企業で働けるかどうか」，お互いが採用前に確認のできる制度。雇用契約は結んでいないため企業側に給与の負担もなく労災保険の加入もない。ナカポツセンターで加入する傷害保険が，労災保険のかわりにケガ等の保障をする制度になっている。

Question 4 就労継続支援Ａ型事業所の機能と活用法

Ａ型事業所とは何ですか？

当社に就職を希望して見学にきた精神障害のある方の以前の職場が“就労継続支援Ａ型”事業所だったそうです。当社で職場体験実習を行いましたが，安定して仕事ができそうでしたので，今後も“就労継続支援Ａ型”を経験してきた方の採用も考えたいと思っています。福祉サービスの１つだと聞いていますが，ハローワークで求人票が公開されており，見学や職場体験もしたそうです。どのような制度なのでしょうか？

支援を受けながら「雇用」されて働ける福祉サービス

“就労継続支援Ａ型”（以下Ａ型事業所）とは，障害のある方が，雇用契約を結んだ上で，福祉の視点での支援を受けながら働くことができる障害者総合支援法に基づく福祉サービスの１つです。民間企業や社会福祉法人，NPO 法人などが設立し，都道府県の認可を受けて運営しています。サービスの利用対象者は，現時点では一般企業での勤務が難しい 65 歳未満（利用開始時 65 歳未満）の障害のある方で，具体的には次のような例が挙げられます。

① 就労移行支援事業を利用したが，企業等の雇用に結びつかなかった方
② 特別支援学校を卒業して就職活動を行ったが，企業等の雇用に結びつかなかった方
③ 企業等を離職した方など就労経験のある方で，現に雇用関係がない方

サービスを利用する障害のある方は，Ａ型事業所との間で雇用契約を結び

ます。したがって，労働基準法などの労働関係法規により労働者として保護され，最低賃金法が適用されます。勤務形態は事業所ごとに様々ですが，１日の実働時間は４～８時間程度であることが多く，勤務時間に応じて社会保険，厚生年金に加入します。仕事の内容も多様で，事務，清掃，検査，農業，調理配膳等，事業所によって異なります。

障害者総合支援法に基づく福祉サービスには“就労継続支援Ｂ型”もありますが，こちらは**Q５（17頁）**を参照してください。

☑ A型事業所の仕組みを知る

Ａ型事業所について，よくある質問は次の３点です。「なぜ福祉サービスの利用なのに“給料（賃金）がもらえる”のか」，「一般企業との違いは何か」，「福祉サービスによくある利用期限はないのか」です。前述したように，Ａ型事業所は福祉サービスの１つではありますが，サービス利用者は，労働法の適用を受ける労働者，Ａ型事業所の従業員（社員）となります。したがって，労働者の募集に当たっては，ハローワークを通して紹介を受け，採用面接を受けた上で雇用契約を締結して働き始めることになります。賃金は，最低賃金からスタートして能力に応じて昇給する賃金体系をとっているＡ型事業所が一般的です。仕事内容は，最低賃金が保障できるだけの収益性がある事業に関わる仕事になります。事業所によって異なりますが，データ入力やソフトウェア開発，経理事務などのオフィスワークやビルメンテナンスや清掃，部品製造や検査，物流作業，飲食サービス，農業など多様な仕事があります。

一般企業との大きな違いは，福祉的視点で支援する専門のスタッフがいることです。社会福祉士や精神保健福祉士といった国家資格をもったスタッフや，障害特性と支援について知識を持っている人材が配置されています。つまりＡ型事業所は，労働法の適用を受ける事業所であり，障害福祉サービス事業所でもあるというハイブリットな事業所ということになります。こうした特徴から，仕事をしながら障害や疾病のことや生活面の悩みなどについても相談しやすいこともあり，前述したように企業等で就職につながらなかった障害のある方も仕事を続けやすい環境となっています。

３つ目の質問「福祉サービスによくある利用期限はないのか」については，結論を言うと，利用に期限はありません。**Ｑ７（25頁）**の障害者就労移行支援事業とは異なり，Ａ型事業所には期限が定められていないので，利用している障害のある方の出勤率や能力に応じて雇用継続の更新がされます。利用されている方の中には，事例であげているケースのように，Ａ型事業所を利用して，職場でのマナーや人間関係の構築のコツなどを専門のスタッフから助言を受けながら何年か働いて，職業人として自信をつけて一般企業への就職を目指す方や実際に就職された方もいて，企業への就職のルートとして近年増えてきています。

☑ まずはＡ型事業所から始めて一般企業への就職も

Ａ型事業所は，障害福祉サービス事業所でもありますので，サービスを利用するためには，居住している市町村の福祉課での申請が必要になります。また，相談支援事業者からサービス等利用計画を作成してもらう必要があります。こうした手続の際に**Ｑ３（10頁）**の障害者就業・生活支援センター（ナカポツあるいはシュウポツ）の支援者が同行して支援する場合もあります。

Ａ型事業所の役割として注目されるのが，Ａ型事業所での一般企業への就職に向けた就労支援です。例えば，利用したＡ型事業所の事業が農業で，野菜の植え付けから収穫，収穫した野菜の洗浄や加工，梱包する仕事に携わっていた方が，葉物野菜の収穫作業を集中して行う能力や加工工場での定型的な作業を正確に行う経験を評価されて，製造業の企業に就職したケースもあります。Ａ型事業所での勤務を経ることにより，仕事経験はもちろん，専門のスタッフと日々の仕事の振り返りをする中で，例えば，以前一般企業での就労が継続できなかった際の課題など，これまでの就労経験を整理することができ，自己理解を深め自己肯定感を高めていくことであらたなキャリアを拓くルートもあるのです。

Question 5

就労継続支援B型事業所の機能と活用法

Ｂ型事業所はＡ型事業所と何がちがうのですか？

当社では社内の業務の一部を市内の就労継続支援Ｂ型事業所（※１）（以下Ｂ型事業所）に業務委託をしており，Ｂ型事業所の利用者の方が「施設外就労（※２）」として当社で仕事をしています。作業にしっかりと取り組んでいただいていますし，日々の様子から個々の特性も見えてきました。作業に従事している様子から，施設外就労に来られている障害のある方の採用の検討をしているのですがどうしたらよいのでしょうか？

業務委託によるＢ型事業所の「施設外就労」—受入れから雇用までのプロセス

Ａ型と同様に障害者総合支援法に基づく障害福祉サービスですが，Ｂ型がＡ型と異なる最大のポイントは，雇用契約を締結しないところです。したがって，サービスの利用者は従業員（社員）ではなく障害福祉サービスの利用者ということになります。Ａ型と同様に利用に期限はありません。

「施設外就労」を受け入れることの大きなメリットとして，障害のある方とともに働くことで，周囲の社員の障害のある方への理解が促進されること，仕事ぶりが具体的にイメージできるようになることが挙げられます。以下のStepでＢ型事業所が企業と一緒に取り組む雇用までのプロセスを説明します。

Step 1　採用後のイメージを持つ

すでに企業内でＢ型事業所の施設外就労が実施されているのであれば，障害のある方の社内での作業イメージはできていると思いますが，採用に向けては，採用部署の受入れ，休憩時間の使い方，雇用管理などの具体的な検討が必要です。

Step 2　受入体制を整える

採用して安心して働き続けられるように，社内での障害者雇用の相談窓口や担当者など採用に向けた体制を整えます。

Step 3　障害特性の理解と企業環境の理解の両面を調整し合理的配慮を考える

「施設外就労」に来ているB型事業所など，就労支援機関に相談することのメリットは，B型事業所を利用されている障害のある方の許可を得て，障害特性を踏まえ，採用しようとする企業の実情に合致した合理的配慮の調整の助言を得られる点です。また，施設外就労の場面だけでは見えない障害特性や，日頃の支援から，実際に企業で働く場合には，どのように配慮したらよいか，障害特性の理解と企業環境の理解の両面を調整しながら合理的配慮について検討していきます。

Step 4　障害のある方のキャリア相談

障害のある方の多くが慣れた環境で働きたいと考えることが多いですが，それでもいざ就職を考えた際には不安を感じることもあるものです。そこで，不安なことはないか，配慮が必要と考えている点について，B型事業所の支援者が行う相談支援により明確にしていきます。また，職業人として働くためには何が大切か，あらためて考える機会を持つことで自己理解を深め，同時に会社や周囲の環境について考える支援も得ることができます。

Step 5　ハローワークへの求人相談

「施設外就労」で障害者雇用の具体的イメージが固まったら，ハローワークに求人相談をします。

Step 6　採用試験・面接

ハローワークから紹介を受け，採用試験や面接を行います。その際も障害のある方の希望があれば，B型事業所などの支援機関の支援者が同席して必要な助言や支援がある環境で実施することができます。

Step 7　サポート体制を確認

採用試験や面接を経て採用を決めたら，B型事業所など地域の就労支援機関とサポート体制について会議を行い，採用後に安定的に働けるための支援について支援機関と一緒に検討します。また，障害者総合支援法では「定着支援事業」が制度化されています。就職後３年間，障害のある方が希望した場合は，自治体への申請とサービス等利用計画の作成が必要になりますが，障害のある方と職場の双方をサポートすることができる制度です。こうした制度も踏まえた上でＢ型事業所のような支援機関とともに雇用管理体制を構築します。支援機関を活用しますが，あくまで採用後の雇用管理は企業の責任となるからです。

☑ 企業から見た採用のメリットと施設外就労から採用への転換のポイント

施設外就労は，いわゆる企業実習よりもより一般的に長い期間仕事に従事する場合が多く，継続的な視点で仕事ぶりを見る機会となるため，よりそれぞれの人材の特性や適性のイメージを持ちやすいことがメリットとして上げられます。業務を委託する際には，作業の種類や，方法についてＢ型事業所の支援者に相談することで，それぞれの能力や特性に合わせた作業を検討できます。

障害のある方への対応や配慮についても，施設外就労の様子から，周囲の理解が深まっていることもありますし，もし障害者雇用として縁あって採用できたとすると，Ｂ型事業所と施設外就労の契約が続くのであれば，支援者が定期的に事業所に出入りするため，何か課題があった場合でもすぐに相談できるところは企業としても安心できます。障害のある方も信頼できる支援者と定期的に会えることは強い安心感があり，安定して働けることが多いともいわれています。

Ｂ型事業所という福祉サービスの利用者ではなく，社員として働くことになれば，作業を評価し，より働きやすい作業に転換する，より高度な作業に挑戦する機会を提供するなど，キャリア形成も意識した雇用管理により戦力となる人材に育てることができるのです。

※1　就労継続支援B型は，通常の事業所に雇用されることが困難な障害者のうち，通常の事業所に雇用されていた障害者であって，その年齢，心身の状態その他の事情により引き続き当該事業所に雇用されることが困難となった者，就労移行支援によっても通常の事業所に雇用されるに至らなかった者，その他の通常の事業所に雇用されることが困難な者を利用対象者とすると規定されている。

利用期限はなく，個々の目標と課題に合わせた通所ペースを選択することができる。

提供されるサービスの内容としては，事業所内での生産活動の提供，就労に必要な知識及び能力の向上のために必要な訓練を行う。その生産活動では，事業収入から必要経費を控除した金額を工賃として利用者に支払う。また，福祉サービスであるため，利用者との雇用契約は結ばない。

各事業所には工賃向上計画を策定することが義務付けられ，月額平均工賃額を算出し，目標工賃額を達成するための課題に取り組んでいる。

しかし，誰しもが取り組みやすい作業を提供することの必要性もあり，月額平均工賃は1万6118円（2018年度全国平均）となっているのが現状である。

※2　本来，事業所内で作業に従事するが，企業と事業所との契約により，企業の中で直接作業に従事する機会を提供してもらうことをいう。その契約では，作業時間やその対価を定め，職員配置基準に基づく職員が支援員として同行する。

Question 6

障害者就労移行支援事業所の機能と活用法

就労移行支援事業とは何ですか？

障害者雇用の拡充を考えています。現在は，身体障害のある方を雇用していますが，法定雇用率は下回っており，早急に雇用を進めなくてはいけません。つながりのある同業者から，「福祉サービスで就職を目指すための準備を支援している施設に相談するとよい。」と聞きました。どのような施設でしょうか？　また，どのように探せばよいでしょうか？

A

☑ 就労移行支援事業という就労支援サービス

障害者総合支援法に基づいて，就労移行支援事業（※１）という障害福祉サービスが展開されています。障害者雇用を進めるに当たっては，様々な方法や支援機関があります。その１つが，障害者に対して働く前の準備から支援する就労移行支援事業所です。地域の状況によって事業所数は違いますが，「障害者就業・生活支援センター」（**Ｑ３（10頁）**参照）で情報提供をしてもらったり，インターネットや情報サイトで検索したりすることで探すこともできます。雇用経験のある企業から教えてもらったというケースもあります。

ここでは，企業が地域の就労移行支援事業所と連携しながら，精神障害のある方の安定した雇用に取り組んでいるケースを紹介します。ある企業は，ハローワークからの求人紹介で面接（第一次選考），実習（第二次選考）を経て，Ａさんを採用しました。Ａさんの面接には，就労移行支援事業所の支援者が同席しており，障害に関することや支援プログラムについても聞き取ることができました。採用後，その就労移行支援事業所へ人事担当者が見学に行く機会を設けました。企業の人事担当者の視点で就労移行支援事業所のサービスを紹介します。そこには精神障害のある方が，20名ほど通っており，以下のような訓練プログラムや就職に向けたサポートを受けながら準備をしていました。

① 模擬的作業体験

事業所内で設定された作業（軽作業やパソコン操作，あるいは調理業務や清掃業務など）に取り組み，基本的労働習慣の確立を目指します。そして，事業所外で取り組む作業（施設外就労）では，より実践的な環境のもとで作業（工場内軽作業，接客業務，ビル清掃，データ入力など）に参加し，働くイメージを持ち就職に向けた課題について知ることができるということでした。

② 就職に向けた講座

グループワークや講義形式で，就職に必要なビジネスマナーやコミュニケーションについて学べる機会があります。内容の一例として，「ホウレンソウの基本」，「身だしなみについて」，「会話のマナー」，「体調の自己管理方法」や，様々な業種を知る講座やアンガーマネジメント講座などが行われているそうです。就職を目指す人たちが集まる環境で受講することになるため，他の人の意見を聞き学び合いに有効な機会となっていました。

③ 自己理解支援

障害のある方が自分自身の障害について，知識を得たり自らの特性や考え方のくせなどの気付き，対処法を蓄積したりするための支援がなされていました。支援場面は様々ですが，作業を行った後の振り返りや，対人関係のロールプレイや実践場面での考察などからフィードバックを得ることや，専門書や講座から学べるような環境です。

④ 企業体験実習

①～③のようなプログラムを通して，働くための準備が進んでくると，体験を目的とした企業実習を通じていよいよ実践していくそうです。職種や職場環境を違いによって，障害のある方にどのような変化があるか，支援者と障害のある方が共有することが目的だそうで，こうした準備をして課題をある程度解決してから就職活動をするならば企業としても安心です。また，事

業所内の訓練で学んだことを実践することで自信をつけ，実際の仕事体験から対人関係への対処法や職場でのマナーや仕事の仕方を学ぶようにプログラムされているとのことでした。

⑤　就職活動支援

ハローワーク等での求職登録や求人票検索，履歴書やエントリーシートの記入，面接への同行などの支援もなされていると聞きました。これらの支援の前に，支援者は障害のある方の希望を十分に把握した上で，どんな仕事や環境が適しているかという，職業適性の分析をして，ニーズと適性と特性に合致した仕事や職場を探す支援を提供していました。

⑥　職場適応支援

就職が決まってからも，必要に応じて職場への同行や作業指導のサポート，職場の従業員への理解促進等の支援が得られるので，当社も定期的に相談ができ助かっています。支援者の方々は，そのような支援を行うために，採用前に職場を見学したり，担当者と打合せをしたりきめ細やかに対応してくれています。就労支援を担当する支援者には，障害のある方への支援に加えて，企業の担当者とも話し合いながら働きやすい環境の提案や，障害者雇用に対する不安を解消するためのアドバイスやノウハウの提供ができる力量が求められると感じました。

実際に見学して，年齢や職歴など幅が広い方々（これまで働いた経験がない人，障害者雇用ではなく一般求人で働いていた人，障害者手帳を取得するか悩んでいる人など）がサポートを受けながら就職を目指していることがわかりました。

雇用する障害のある方の能力を活かすために，職場でどんな工夫や配慮が必要か，あるいはどのような育成方法があるかなどを，就労移行支援事業所の担当者も一緒に考えてくれるので，安心して雇用を進めることができました。障害者雇用のプロセスの中で，雇用する企業が職場環境を整えることも大切であることに気付きました。雇用して１年が経つ今でも，担当者が定期的に職場を訪れ，本人と面談をしたり，必要に応じて職場での支援をしたりしてくれています。雇用した精神障害者も「担当スタッフがいつでも相談になってくれたり，応援してくれているのは心強い。」と話しています。また，就労移行支援事業所がハローワーク等の関係機関とも密に連携されており，新たな雇用や職域拡大の相談にも応じてくれています。

このように，企業の担当者に就労移行支援事業所のような地域の支援機関が伴走することは障害者雇用を進める鍵だと思います。

Extra

※1　一般企業等への就労を希望する人に，一定期間（原則最大2年間），就労に必要な知識及びの向上のために必要な訓練を行うことを目的としている。この事業の対象者は，就労を希望する65歳未満の障害者であって，通常の事業所に雇用されることが可能と見込まれる者と規定されており，居住している市区町村で，障害福祉サービスに係る支給決定を受けると利用することができる。

※2　就労定着支援事業

障害福祉サービスを利用して就職した方を対象に，就職後（退所後）6か月から3年間を利用期間とし，職場での定着を図るために支援することを目的としている。月1回程度の職場訪問をしたり，面談をしたり，生活支援を行いながら，必要に応じて企業や関係機関と連携し，支援する。

Question 7

自治体が独自財源で開設している支援機関の機能と活用法

自治体独自の支援機関もあるのですか？

住んでいる自治体の広報誌で「働くことに困難のある方を対象とした職場見学会」という案内を見ました。自治体の名前がついた就労支援センターが窓口でした。社会福祉法人やNPO法人が開設している就労支援機関と役割の違いがあるのですか？

A

☑ 働く人や企業を支援する多様な支援機関

障害のある方の就業・就労の現場で，障害のある方や障害者雇用を行う企業を支援する組織や人材である「支援機関」，「支援者」をそれぞれの施設の設立背景から3つに分類し，次頁のとおり，**表**に示しました。1つは主に労働行政の枠組みで設立された施設，2つ目は福祉行政と教育行政の枠組みで設立された施設，最後に自治体が独自の財源で設立した施設です。一言で「支援機関」，「支援者」と言っても根拠法や施設の役割，支援者の名称などが少しずつ異なります。主に労働行政の枠組みで設置されているハローワーク，障害者職業センター，障害者就業・生活支援センター（通称：ナカポツ（センター）／シュウポツ（センター））と障害者総合支援法に基づき福祉制度の枠組みで設置されている就労継続支援Ａ型事業，就労継続支援Ｂ型事業，就労移行支援事業については，**第１章のＱ１～Ｑ６（２～24頁）**を参照してください。

☑ 自治体が設立している支援機関の特徴

障害者雇用促進法の施行に関して，主に自治体に居住する市民や所在する

表 就労を支援する機関の特徴

分類	機関名	根拠法	主な業務
労働関連の支援機関	公共職業安定所（ハローワーク）	• 厚生労働省設置法 • 職業安定法	• 職業相談・職業紹介 • 求人の確保 • 雇用率達成指導 • 雇用率達成指導と合わせた職業紹介 • 職場定着・継続雇用の支援
	地域障害者職業センター	障害者雇用促進法	• 事業主・障害者への相談と援助 • ジョブコーチ（職場適応援助者）支援 • 精神障害者総合雇用支援（リワーク支援） • 知的障害者判定・重度知的障害者判定 • 雇用管理サポート事業
	障害者就業・生活支援センター	障害者雇用促進法	• 就業に関する支援（職業準備訓練・実習あっせん等） • 生活に関する支援(日常生活習慣の確立等)
	障害者職業能力開発校	職業能力開発促進法	• 障害の特性に応じた公共職業訓練 • 在職者訓練
	有料民間職業紹介事業者	職業安定法	• 有料民間職業紹介
	(独)高齢・障害・求職者雇用支援機構 都道府県支部高齢・障害者業務課（東京，大阪は高齢・障害者窓口サービス課を含む）	障害者雇用促進法	• 障害者雇用納付金等の申告・申請受付 • 各種助成金の申請受付 • 障害者雇用に関する講習・啓発活動等 • 地方アビリンピックの開催
福祉・教育関連支援機関	就労移行支援事業	障害者総合支援法	• 移行支援事業所内での職業訓練 • 企業での実習 • 障害特性に合った職場開拓 • 就職後の定着支援
	就労継続支援A型事業	障害者総合支援法	• 雇用契約を締結しての就労機会の提供 • 就労に必要な訓練や支援
	就労継続支援B型事業	障害者総合支援法	• 雇用契約を締結しないでの就労機会の提供 • 就労に必要な訓練や支援
	特別支援学校	学校教育法	• 学校教育法に基づく特別支援教育
自治体設置の支援機関	自治体が独自の財源で設置する支援機関 例東京都：公益財団法人東京しごと財団 例埼玉県：埼玉県障害者雇用総合サポートセンター 例横浜市：横浜市障害者就労支援センター	• 地方自治法 • 障害者雇用促進法	• 障害者への就労支援 • 企業への雇用支援 • 企業ネットワークの構築と運営 • 相談支援（障害者・企業・支援機関からの相談対応）

主に配置される専門職・支援者	支援を受けている方の状況など
•職業指導官，雇用指導官 •専門援助部門の専門職員，相談員 •精神障害者雇用トータルサポーター •発達障害者雇用トータルサポーター　等	企業等での就職を希望する障害者の多くが求職登録をしているため，多様な能力を持った人材が登録されている
•障害者職業カウンセラー •配置型職場適応援助者（ジョブコーチ）　等	•職業評価や職業準備支援を受けている障害のある方 •知的障害，精神障害のある方の利用が多い
•主任職場定着推進員 •主任就業支援担当者，就業支援担当者 •生活支援担当者　等	•職業準備訓練や相談を受けている方 •知的障害，精神障害のある方の利用が多い
•職業訓練指導員 •生活指導相談員 •職場定着支援員　等	•ビジネスや情報処理等の専門的な職業訓練を受講している方 •身体障害のある方が多かったが昨今は知的障害や精神障害のある方対象の講座が開講され多様な方が利用
規定はないが社会福祉士や精神保健福祉士，臨床心理士などが所属している企業も	比較的身体障害のある方や精神障害のある方の登録が多い
—	•企業 •支援機関 •地域の市民等
•サービス管理責任者 •生活支援員 •職業指導員 •就労支援員 （就労支援ワーカーなど独自の名称で活動するケースもあり）等	•企業等に雇用されることが可能と見込まれる方が訓練を受けている •知的障害，精神障害のある方の利用が多い
•サービス管理責任者 •生活支援員 •職業指導員　等	•就労継続のための支援を受けながら訓練を受けている方 •知的障害，精神障害のある方の利用が多い
•サービス管理責任者 •生活支援員 •職業指導員　等	•就労継続のための支援を受けながら作業を通じて就労経験を積んでいる方 •知的障害，精神障害のある方の利用が多い
特別支援学校教諭（小学校・中学校・高等学校又は幼稚園の教員の免許状のほかに，特別支援学校の教員の免許状が原則として必要）	•高校生にあたる年齢の高等部の生徒 •新卒採用となる •「現場実習」を経験して就職に向けた実践的な教育が行われている学校もある
•規定はないが社会福祉士や精神保健福祉士，臨床心理士などが所属している自治体もあり •東京ジョブコーチ（東京都） •企業支援アドバイザー（埼玉県等） •障害者支援アドバイザー　等	•手帳がなくても相談やサービスが受けられることも多い •障害者雇用経験のある企業人の伴走型支援に力を入れているところもある •公務部門の組織や働く方への相談支援も担う

〈筆者作成〉

企業の支援のために独自の財源で支援機関を設置する自治体が増えています。現在，多くの都道府県や政令指定都市で設置がなされています。また，東京23区などの特別区や市町村においても近年設置が進んでいます。したがって，事例のような自治体の名称を冠した就労支援センターが開催する障害者雇用に関わるイベントが企画され，自治体広報誌に掲載されているのを目にする機会が都市部では特に増えてきました。また，居住する市民サービスの視点から必ずしも障害者手帳を所持していなくてもサービスを利用できるようにしている自治体が多いことが特徴です。

さらに自治体が設置する支援機関の特徴として，独自財源で設置することから地域の実情に合わせて障害者雇用に関してさらに強化したい分野に重点的に取り組めることも挙げられます。**表**に例として示しましたが，東京都が発足させた公益財団法人東京しごと財団では，障害者総合支援法に基づく定着支援事業が制度化される以前から，企業での職場定着を主に支援する「東京ジョブコーチ」という独自の事業を展開してきました。また，自治体独自の支援機関の草分けである埼玉県障害者雇用総合サポートセンターでは，企業OBが企業支援アドバイザーとして，障害者雇用の豊富な経験をいかして，企業の悩みや不安に寄り添いながら，企業での環境整備や仕事の設定，採用，合理的配慮提供，定着支援などについて伴走型支援を実施しています。

自治体設置の支援機関と企業とのネットワーク構築がなされてくる中で，事例にある職場見学会なども開催されるようになってきているのです。社会福祉法人やNPO法人が開設している就労支援機関の多くは障害者総合支援法に基づく福祉制度の枠組みで設置されています。**表**で役割の違いの概要を確認して，利用する際は自らのニーズに合った機関を選ぶとよいのではないでしょうか。

☑ 新たに期待される役割も

読者の中には，2018年に明らかになった中央官庁と地方自治体の障害者雇用計上誤りのニュースを覚えていらっしゃる方も多いでしょう。あってはならないことですが，一方で公務部門は，障害者雇用促進法に基づく納付金財源で行われる支援事業や雇用保険財源で行われる支援事業の対象外（公務員は雇用保険の対象外です）となっており民間企業よりノウハウと資源が乏しい環境で雇用していかなければなりません。例えば，前述の障害者就業・生活支援センター（通称：ナカポツ（センター）／シュウポツ（センター））は採用後の定着支援も中央官庁などが省庁の財源で個別契約を行わないとできないことになっています。こうした状況の中で現在，自治体独自に設立した支援機関が新たに公務部門の支援に役割を発揮することも期待されてきています。

Question 8 就労を支えるある精神科医の哲学

精神障害のある方の考え方を知るために紹介したい一言があります。
“「先生，働きたいです」といってもいいですか？”

長い入院歴があり，作業も遅く身の回りのことも十分でないAさんは，真剣な表情で「僕は普通の会社で仕事をしたいといつも思っています」と就労継続B型事業所の職員に話しかけます。職員は「Aさん，身の回りのこともできないのだから仕事は無理ですよ。先に身の回りね」と。
皆さんはこの会話をどのように受け止められますか？ “当たり前じゃない”“身の回りのこともちゃんとできないのに”“身の回りのことが先でしょう”と，思いますか？ 実は，私はこの対応は間違っていると思います。Aさんの人生が変わるチャンスをつぶしてしまうかもしれません。

A ☑ 働きたいという強い気持ち

働きたいと希望する精神障害者は大勢います。以前，筆者のクリニックでアンケートを採りましたが，統合失調症通院者の80％以上が「働きたい」と答えました。精神障害者に関わる仕事に就いている方の中には，このアンケート結果を「うちのメンバーは仕事をしたいなんて言わない」，「実感として，あり得ない」と感じる方もいるかもしれません。しかし，実際には，このようなアンケート結果が出ているのです。

多くの精神障害者が「働きたい」と口に出すたびに，周囲には頭から否定されてきました。勇気を出して主治医に聞いてみても「何を言ってるんだ，また入院したいのか！」と一喝。作業所の指導員には「働かなくても生活保護という制度もあるのだから」と慰められたり等々。病気になってただでさえ自信をなくしているところにこうしたことが繰り返されると，自分の気持ちを正直に話せなくなってしまいます。そんな方が勇気を出して「働きたい」と表明したのだから，まずそれを受け止めることが何より大切です。頭から否定してはいけません。

ずいぶん前ですが，私が関わっている就労移行支援事業所 NPO 法人大阪精神障害者就労支援ネットワーク（以下 NPO JSN）に，就労継続支援Ｂ型事業所に通うメンバー２名が意を決してやってきました。「今のところにいては仕事に就けない」,「一般企業で働きたい」と強く訴えます。長い病歴の統合失調症の方々でした。まずは，今通っている就労継続支援Ｂ型事業所に NPO JSN のスタッフが訪問しました。就労継続支援Ｂ型事業所の施設長さん曰く「彼らの就職には時間がかかるのではないですか。入浴や身だしなみを整えることもまだまだですわ」とのこと。二人は NPO JSN に通うことになりましたが，１年半後，一般企業に就職することができました。

当然のことですが，就労できるかどうかは見かけで分かるものではありません。最も大切なのは，「働きたい」気持ちがどれだけ強いかということ。作業が不得意で遅い方でも，時間をかけてトレーニングすれば大きく変わっていきます。

☑ 働くという目的があること

「目的」があることはとても大きな力になります。一般的に「身なりを整えて」と言うだけではなかなか効果は期待できません。しかし，働きたいという方に,「働くためには身なりを整える必要がある」と具体的に指摘し支援すれば，不思議なことに身なりは整ってくるのです。NPO JSN のトレーニングへの出席率は 90％を超えていますが，これは，メンバーが就職したいという強い気持ちを持ち，NPO JSN でのトレーニングをしっかりやり抜けば就職できる……と感じているからにほかなりません。やりたいことのためならば重い精神障害者も頑張るのです。

☑ やってみなければ分からない

トレーニングを進めるとき，頭に置いておく必要があるのは「やってみなければ分からない」ということです。仕事は決して楽なものではありません。所内作業は何の問題もなくこなせるのに，企業に入ると仕事にならない人も多くいます。まず，やってみて，課題を見つけ，その課題を修正していかなければなりません。また，施設の職員がいくら注意しても変わらなかったことが，実習先の企業の担当者や社長さんから言われると効果抜群，ということもしばしば見られます。企業実習はこうした意味から大変重要な役割を果たしているといえます。

最後に，大切なことをもう一点述べます。それは，就職はゴールではなく仕事を持ちながらの人生のスタートであるということです。就職しても，すぐやめてしまってはいけません。長く働くための支援が必要ですが，これについては別稿に譲ろうと思います。

以上，精神障害者の働きたい気持ちと就労について述べました。重い精神障害者から「働きたい」という話があったときには，一歩踏み込み，その話に耳を傾けてみてください。

〈参考文献等〉

- NPO 法人　大阪精神障害者就労支援ネットワーク（略称：NPO JSN）（https://npojsn.com/index.php）

Question 9

社会適応訓練事業（職親）が精神障害のある方の就労に果たす役割

「職親」とは何ですか？

印刷会社を経営していますが，障害者就労移行支援事業所（Q６参照）の職員をしている姪から「うちで訓練しているＮ君だけど受け入れてくれるところがなくて困るの，伯父さんの会社で受け入れてくれない？」と相談されました。姪からＮ君の訓練状況も聞き，姪と一緒に協力事業者（職親）登録をするために保健所を訪問しました。訓練と雇用との違いや委託料の説明を受け納得しました。後日，保健師さんの職場訪問を経て精神障害者社会適応訓練事業運営協議会からの正式決定を得て「職親」となることができました。その後，Ｎ君は出勤できない日や早退する日もありながら仕事や職場の人間関係にも慣れてきたので，６か月の訓練期間を経て入社してもらうことにしました。

A

☑ 「職親」（社会適応訓練事業）制度の歴史

「職親」制度の根拠法は，「精神保健及び精神障害者福祉に関する法律」（昭和25年法律第123号）といわれています。制定当時，同法では「社会適応訓練事業」という名称で，「通常の事業所に雇用されることが困難な精神障害者を精神障害者の社会経済活動への参加の促進に熱意ある者に委託して」と規定されており，都道府県が実施者となって必要な社会適応訓練事業（以下社適事業）を行うことができる，とされていました。また，国の補助もなされていました。この「精神障害者の社会経済活動への参加の促進に熱意ある者」が，「職親」に一番求められていると筆者は考えます。

この社適事業は自治体を中心に昭和45年に東京都と福島県で始められ，全国都道府県・政令指定都市に広がりました。その後，昭和57年に通院患者リハビリテーション事業として厚生省公衆衛生局長通知により創設され，平成７年，精神障害者社会適応訓練事業として精神保健福祉法に法定化されました。昭和25年に初めて法律に社適事業の名称が登場し，自治体が主体となる制度として運用されるようになり，自然発生的に委託協力事業者を「職親」と呼ぶようになったと考えています。発足当時は，自治体により「訓練」なのか「雇用」なのかにかかわらず助成するというような運用もあったようですが，現在では訓練期間と雇用とは明確に区別されています。その後，「職親」を制度化しようという機運が盛り上がり，昭和63年には全国職親会が結成されています。

その後，国が身体障害，知的障害，精神障害の支援制度を一本化する際に，社適事業に対する国の補助が支援法（障害者自立支援法，その後の障害者総合支援法）の条文から削除され，一般財源化されました。このことによって自治体ごとに予算化することになり，自治体によっては制度を統合化し，社適事業の単独での運用を廃止したところも出てきました。一方で，平成20年10月29日開催の「第12回今後の精神保健医療福祉のあり方等に関する検討会」資料によれば，福祉就労支援事業所と比較して使いやすい制度であること，および訓練から雇用への移行が３割と効果的であることから，他の福祉就労施策と併用しながら存続をさせるという自治体も少なからずありました。

しかしながら，NPO法人全国精神保健職親会（※）が実施した平成30年の調査では，平成20年は63団体あったものが20団体と，10年間で大幅に減少をしています。確かに利用修了者も868名から131名と減少していますが，就職率については29.3%から22.9%と下がってはいるものの依然として高水準を維持しています。これは，福祉就労支援事業と比較して使い方の自由度が高いこと，および直接に一般企業での訓練から始められることが雇用に結びつきやすいことが一定の評価をされていると考えられます。

なお，他の福祉就労支援事業制度と比較すると，次頁の**表**のとおりです。

表 精神障害者社会適応訓練事業と就労支援事業の比較

	精神障害者社会適応訓練事業	障害者総合支援法における就労支援事業		
		就労移行支援	就労継続支援	
			A型	B型
対象者（利用者像）	通常の事業者に雇用されることが困難な精神障害者	就労を希望する65歳未満の障害者で，通常の事業者に雇用されることが可能と見込まれる者	通常の事業者に雇用されることが困難であり，雇用契約に基づく就労が可能である者	通常の事業者に雇用されることが困難であり，雇用契約に基づく就労が困難である者
人員基準・設備基準	特になし	（人員基準） 職業指導員及び生活支援員 6：1以上 就労支援員 15：1以上 （設備基準） 訓練・作業室，相談室，洗面所・便所，多目的その他運営に必要な設備	（人員基準） 職業指導員及び生活支援員 10：1以上 （設備基準） 訓練・作業室，相談室，洗面所・便所，多目的その他運営に必要な設備	（人員基準） 職業指導員及び生活支援員 10：1以上 （設備基準） 訓練・作業室，相談室，洗面所・便所，多目的その他運営に必要な設備
利用定員（最低人員）	特になし	10名以上	10名以上	20名以上

出典：厚生労働省「第12回今後の精神保健医療福祉のあり方等に関する検討会」資料改編

☑ 職親での訓練とは？

ところで，職親での訓練とはどんなものなのかですが，雇用ではなく訓練であることで少し説明しなければいけないことがあります。雇用ではないため給与の支給はありません。しかし，自治体によって助成があります。例えば，東京都の例では，協力事業所（職親）には一日3,564円（税込）が委託金として，訓練者に対しては，協力事業所よりこの金額の中から一日1,100円が訓練を受ける当事者に支給されています。訓練期間は6か月が基本で，最長3か年までが可能になっています。また，労災保険や雇用保険の対象にはなりません。あくまで雇用に移行するまでの訓練という位置づけです。

NPO法人全国精神保健職親会には長年にわたって職親をされている会員

が多数いらっしゃいます。その方々に当事者を受け入れる際の配慮事項をうかがうと，異口同音に「ともに働く」，「働くことが治療」，「向かい合って相談に乗る」，「何度でも根気よく接する」という配慮と同時に，逆に「特別扱いはしない」という厳しさを職場で体験させるという配慮もあるようです。もともと精神リハビリテーション事業としてスタートした社適事業らしく，やる気はあるが体力面で不安がある当事者を雇用につなげる職親企業の覚悟の表れでしょうか。

また最近の事例ですが，就労移行支援事業所の中にはNPO法人全国精神保健職親会が精神・発達障害者の定着支援ツールとして勧めている「Supporting People to Improve Stability（SPIS）」を，日々の体調管理のセルフケアツールとして使用している事業所があります。その事業所では，当事者を職親に紹介する際に，コミュニケーションツールとしてSPISを利用しながら訓練をお願いするケースがあるようです。精神・発達障害者の定着では職場内でのコミュニケーションが最大の課題になりますが，そこに有効なツールを提供することでそのまま職場内での当事者理解に役立てていただき，訓練成果が上がることが期待されます。

☑ 現在の制度運用状況

具体的な現行制度についてですが，各自治体により窓口や委託料等が相違しますので，詳細は各自治体のホームページで「精神障害者社会適応訓練事業」で検索いただくことをお勧めしますが，一般的には次頁の**図**のとおりです。

NPO法人全国精神保健職親会の平成29-30年調査（平成29年10月実施）によれば，全国自治体の制度運用状況は，都道府県では16か所（北海道，岩手，群馬，埼玉，千葉，東京，新潟，富山，山梨，愛知，滋賀，大阪，兵庫，島根，福岡，沖縄），政令指定都市では4か所（名古屋，京都，堺，神戸）でした。

日本においては，企業数の99.7%が中小・小規模事業者で占められています。この膨大な企業の中から「思いやりと厳しさ」を併せ持つ家族的な職場環境を提供する「職親」を増やしていくことは，働く場の選択肢を広げることとなり，精神・発達障害者の雇用を促進に資すると考えています。

図 精神障害者社会適応訓練事業の概要等

概　要

精神障害者を一定期間事業所に通わせ，集中力，対人能力，仕事に対する持久力，環境適応能力等の涵養を図るための社会適応訓練を行い再発防止と社会的自立を促進し，もって精神障害者の社会復帰を図ることを目的として，受託した事業者に対し，協力奨励金を支給するものである。

実施主体

都道府県・指定都市

事業の沿革

昭和57年度　通院患者リハビリテーション事業として創設
平成７年度　精神障害者社会適応訓練事業として精神保健福祉法に法定化
平成15年度　一般財源化

事業概念図

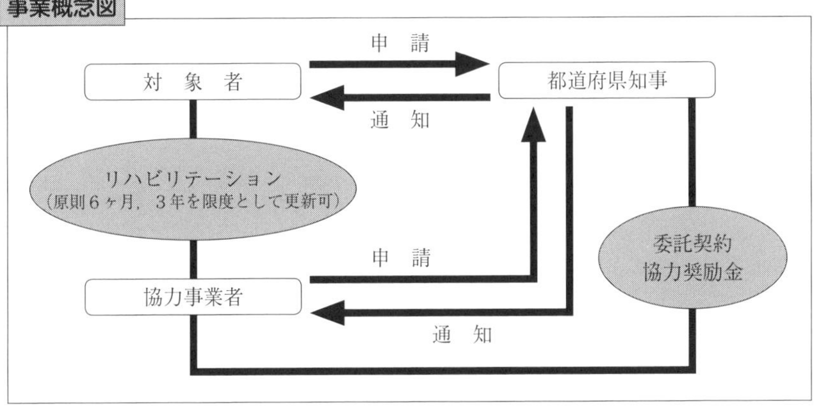

出典：厚生労働省，平成20年10月「第12回今後の精神保健医療福祉のあり方等に関する検討会」資料

Extra

※　老舗の職親団体として，社会適応訓練事業の意義，啓発と地域における「行政・医療・福祉・企業」のネットワークの構築，全国社会適応訓練事業調査ならびに「職親」の育成を進めている（http://vfoster.org/activity.html）（2020.7.10 アクセス）。

〈参考文献等〉

- 東京都福祉保健局「東京都立中部総合精神保健福祉センター」（https://www.fukushihoken.metro.tokyo.lg.jp/chusou/jouho/syuro.html）（2020.7.10 アクセス）
- 就労定着支援システム SPIS（https://www.spis.jp/about-spis.html）（2020.7.10 アクセス）

Question 10

自助グループーピアサポート

同じ病気の人同士で気軽に話せるところはないですか？

就労するときに障害や病気のことをクローズ（病気や障害を非開示とする）にして働くことがあります。職場で相談する人がいないので，自分一人で対応するのが，大変な時があります。

A

☑ 孤独感が増してしまうのはなぜ？

職場での体調管理，業務の遂行，人間関係の構築などを全て自分一人で担うのは，健康な人でも大変です。せっかく与えてもらった就労の機会だからといって，無理をしてしまうと，かえって状況を悪化させてしまうかもしれません。

「相談できない，つらい」という思いをつのらせることは，より孤独感を深めます。仕事自体は問題なくできているのに，なぜか達成感を感じられない。質問があってもタイミングよく話しかけることができない。そのような，ちょっとした日々の違和感が積み重なることが大きなストレスとなってしまいます。

働く場所で，障害や病気のことを打ち明け，相談することは，とても勇気が必要です。職場に相談できるような体制，窓口が備わっていることが理想ではありますが，大企業は別として，そのような職場はほとんどないのが現実です。

☑ 相談場所を見つける

医療機関に通院している場合，診察の際に主治医やソーシャルワーカーなどに相談して課題や気持ちの整理を行うことができます。しかし，短い診察時間の中では，その時々の自分の気持ちや悩みをゆっくり聞いてもらい，納得のできる答えを見つけていくのは，簡単なことではありません。

さらに，医療機関にかかるまでもない，病気なのかどうなのかわからない。そのような場合も多いでしょう。もやもやとした状態を放置しておくことは，決して得策とは言えません。

社会に出て働き続ける，ということは，主体性を持って行動することが必要です。医師による治療を受ける，カウンセリングを受ける。これらは，もちろん大切なことですが，与える側と与えられる側の関係性であることに変わりはありません。心身の状態に不安があるのであれば，ある種の予防治療的な，主体性を持って参加できる「相談場所」を持つことは，働き続けるためにもとても大切なことです。

☑ ピアサポートとは？

その「相談場所」の１つとして，ピアサポートがあります。といっても，大げさに考える必要はありません。

例えば，筆者らが立ち上げたボランティア団体『ホホホ・ザ・わいわい』(※）がはじめたピアサポート『伴走者の会』は，ある就労者の「長年働いていると，福祉の事業所からも定着支援からも卒業してしまうので孤独を感じることある。病気のことや悩みを聞いてもらえる伴走者みたいな人がいてくれたらいいな」という意見から始まりました。

就労当事者２名と支援者１名の小さな集まりで，時間のあるときに集まって，お茶を飲みながら，日頃の職場の悩みや思いを語り，励ましあう。ただそれだけの会です。

現在は，様々なニーズに合わせ，精神科医，ソーシャルワーカー，大学教員との懇談会や情報交換会を定期的に行い専門的なアドバイスをもらったり，WRAP（元気回復行動プラン）などの勉強会を開催したりと，活動の幅も広がってきましたが，基本的な姿勢は，当初の３人だけのお茶会と何ら変わりはありません。

ピアサポートの主目的は，同じ悩みを持つ仲間を見つけることと，悩みや体験を共有することです。その悩みが特別なものではなく，みんなが体験していることだと気づくだけでも心が軽くなりますし，ほっとしたり，一緒に悩んで，考える。これがピアサポートの役割です。

また，これまでマイナスだと感じていた経験やプロセスが，悩みを抱えている仲間の役に立ち，その仲間の存在が自分のリカバリーにも大きな影響を及ぼし，支え合うという「循環」が生まれることも特徴の１つです。

専門性にとらわれず，同じ悩み，体験を持つ人たちの自由な活動の場として，他の組織や団体とつながりやすいのも事実です。

『ホホホ・ザ・わいわい』と『伴走者の会』では，互いに関係性を持ちながら，福祉，ボランティアの垣根を超えた活動を実践しています。

☑ ピアサポートグループに参加するには

このように，地域には働く人たちが相談できるピアサポートがあります。相談支援機関，保健センターなどの地域の支援者を通じてアクセスすることができますが，他の支援機関と同様に，本当に必要な人になかなか届かないのも現実です。

当たり前のことになりますが，やはり「一人で悩まない」ことが大切です。私たちのようなボランティア団体でもいいですし，イベント等に参加してみるのもよいでしょう。SNSなどのアプリケーションを利用したコミュニティもさらに増えると思われます。能動的に動けば，必ず居場所は見つかります。決して無理をせず，自分らしい働き方をしてもらえればと思います。

Extra

※　2018年４月に地域で人と人がつながる機会を作り，誰もがその人らしく安心して暮らせることをめざして，京都にあるホホホ座とコラボして設立されたボランティアグループ。

年齢や障害・病気の有無などを超えて，住んでいる一人一人や個人商店・団体，サークルなどのニーズを大切にし，それらを有機的につなげていくことを通じて，安心で安全な地域づくりを行っている。

第2章

採用プロセスでのあれこれ

本章では，採用のプロセスで起こりがちな，企業としての困りごとについてお伝えしていきます。採用２～３か月前から採用後３か月程度を想定した困りごとについて取り上げています。組織としての対応から，個々への声かけの仕方など多様な解決策が示されています。

Question 11

採用面接時のコツ

対人コミュニケーションが苦手というイメージがあります。面接時に心がけるべきポイントは何ですか？

従業員数 70 人の製造業を営む企業で人事担当をしています。求人をだしてもなかなか応募がないために，現場での人手不足の訴えが日々あり対応に苦慮しています。また，障害のある方の雇用実績がなく雇用納付金を納めていたこともあり，人手不足解消のためにも障害者雇用に社として着手することになりました。さっそくハローワークから紹介いただいた方と面接をしましたが，終始表情が硬く，イライラしたように貧乏ゆすりをしています。どう判断していいかわからなく困ってしまいました。

A

☑ 本事例の背景

事例は，製造業を主とする企業で，人手不足のために障害者雇用を行っていくことになったというものです。現在，中小企業（製造業の場合：資本金の額又は出資の総額が３億円以下の会社又は常時使用する従業員の数が 300 人以下の会社及び個人（中小企業庁，2020））と呼ばれる企業の多くが人手不足に悩まされています。労働人口の減少は，大手企業だけではなく地元の町工場にも着実に影響しています（日本職業リハビリテーション学会近畿ブロック，2019）。また，企業としての体力（資金や人材）が決して潤沢ではない中小企業において，障害者雇用は経営との兼ね合いから，開始しづらく敬遠され，経営者の判断においてトップダウンでなされるものの，上手くいかず諦めてしまう企業も少なくありません。しかし，人手不足の解消も切迫した問題であるため，経験や情報が少ないまま，障害者雇用に踏み切らざるを得なくなってしまうということも起こりやすくなっています。結果的に，周囲から紹介されるがまま採用を開始していき，目の前に障害のある方が来られたときに，「何を聞けばいいのか，どう対応していけばいいのか」と困ってしまうことが頻発しています。

この事例では，障害者雇用制度の根拠である，障害者雇用促進法やそれに基づく雇用納付金が出てきます。詳しくは**Q13（49頁）**をご覧ください。障害者雇用に対応できていない事情は企業により様々ですが，依然実施されていない企業もあります。しかし，障害者雇用市場全体では徐々に雇用数は上昇しつつあります。社会的な関心も高まっていて，みなさんの周囲で障害者雇用を開始しているという企業も決して少なくないでしょう。

☑ 採用時に心がけるポイント

障害者雇用を始める際には，求人票を登録するハローワークの専門援助窓口の方々との連携は欠かせません。この事例でもハローワークの紹介ということが記載されていましたね。まずは，会社や組織の状態や障害者雇用を進めるに当たってどのような不安があるか，ハローワークに相談するとよいでしょう。会社の状況に応じて，ハローワークも障害者雇用に関する資料やパンフレットを使いながら分かりやすく説明してくれますし，本稿でも他章でも，採用以外のタイミングで使用できる制度や支援機関の紹介もされています。そちらもぜひ参考としてください。

さて，この事例での一番の困りごとは，目の前に来られている精神障害のある方がイライラしているような貧乏ゆすりをしながら表情硬く座っており，人事担当のＡさんが困っているという場面です。精神障害のある方の多くは，新しい環境に対して緊張しやすいということが言われています。イライラしている「ような」貧乏ゆすりや表情が硬いという様子の多くは何かに対して怒っているのではなく，その場に緊張や不安を感じているために引き起こされている態度の１つであることがほとんどです。これから働こうとされている方々が，当初から何かに対してイライラにつながるような怒りを感じていることはありません。たとえそのような感情を実際に持たれていると話されても，きっかけは採用に対する状況への不安や緊張から引き起こされていることがほとんどです。まずは，緊張しないよう会社の担当者から声をかける，少し落ち着く間を取ってから面接を開始するとよいでしょう。

また，あまりの緊張から前夜睡眠が十分でない，食事をほとんど取らずに面接に臨んでいるケースもあります。そのような状況かもしれないと人事担当者側で想定して，「今日は眠れていますか？」，「朝ごはんは食べてこられましたか？」といった簡単な質問を行い，緊張や不安の程度を確認すると，以降の採用面接の展開も組み立てやすくなることでしょう。採用面接で聞くことはどのような内容か，冒頭で本人に伝えてもよいかもしれません。障害者雇用の採用面接では，筆記試験のようなものはあまり行われていません。どちらかというと，職場環境への定着を目的とした「本人を知る」という目的が重視されています。初めにどのようなことを聞くか見通しを伝えることで，応募者の不安や緊張の具合はいくぶんか減ることでしょう。実際の面接で尋ねる内容は**Q 16（61 頁）**をご確認ください。

Extra

※　単純接触効果

社会心理学を元にした用語である。対人関係においては熟知性の原則ともいわれている。何回も対象者に接触していくことで，対象者の好感度もあがっていくというものである。実際にこの障害者雇用領域においてもその効果を裏付けるような結果も出ている。障害者雇用を多くしている企業や障害のある方を実習として受け入れている企業は，受け入れる以前と比較していいイメージを持ちやすくなるというものである（谷口・山本・池田，2013）。

〈参考文献等〉

- 中小企業庁「中小企業・小規模企業者の定義」（https://www.chusho.meti.go.jp/soshiki/teigi.html）（2020.1.15 アクセス）
- 日本職業リハビリテーション学会近畿ブロック「障害者雇用推進による経営効果～人を大切にする中小企業の取り組み～」日本職業リハビリテーション学会第 47 回大主催ワークショップ（2019）
- 谷口さつき・山本隆博・池田浩之「精神障害のある方の雇用・実習受け入れによる企業のイメージ変化について　～イメージ尺度・インタビュー調査の結果より～」日本職業リハビリテーション学会第 41 回発表論文集（2013）

Question 12

雇用率制度の対象となる障害者とは

「法定雇用率の対象にならない」とハローワークから言われてしまいました……。

運送会社の人事部で勤務しています。今年から法定雇用率の上昇を想定し，年間の雇用計画を策定して，毎年障害者雇用を進めていくことにしました。今までは，前任者が採用した 10 年以上勤務している身体障害のある男性だけでしたが，今回，知人から紹介を受けたうつ病の 30 代女性Ｂさんに採用面接を行い，雇用することにしました。ハローワークで手続を進めていましたが，その過程でＢさんが障害者手帳を取得していないことがわかりました。

☑ 採用時に影響する法制度について

障害者雇用を進めていくに当たって，考え方などの基礎となるものの１つが「障害者雇用促進法」です。今回はこの障害者雇用促進法について説明します。

障害者雇用促進法は，「障害者の雇用義務等に基づく雇用の促進等のための措置，職業リハビリテーションの措置等を通じて，障害者の職業の安定を図ること」を目的として制定された法律です。では，障害者の雇用義務とは一体何でしょうか。日本の民間企業等は，全従業員に占める障害者の数が一定数（法定雇用率（※１））以上とすることが義務付けられています。これを障害者雇用率制度といいます。

例えば，従業員が 300 名の企業であれば，６～７名以上の障害者の雇用が義務付けられているということになります。

法定雇用率を計算する対象となる障害者は，身体障害者，知的障害者，精神障害者となります。障害者法定雇用率制度における「障害者」に当たるかどうかは，障害者手帳（※２）を所持しているか，所持していないかの違いになります。たとえ，医療機関に通院されており，統合失調症やうつ病などの診断を受けていても，障害者手帳を所持していなければ，障害者雇用率制度に基づく法定雇用率の算定対象にはなりません。ですので，事例のＢさんはうつ病と診断を受けていても，障害者手帳を所有していなかったため，ハローワークでの手続にストップがかかったということになります。

障害者雇用を行う上では，雇い入れる方が障害者手帳を所持しているかどうかを事前に確認するために，選考書類の１つとして，履歴書と併せて障害者手帳の写しを提出してもらう等の工夫が必要になります。

上記の雇用義務制度以外にも，障害者雇用促進法には「障害を理由とする差別の禁止」，「職場における合理的配慮の提供」，「相談体制の整備・苦情解決，紛争解決の援助」が定められています。特に，合理的配慮については**第３章**で詳しく事例が載っていますので，そちらをご参照ください。

Extra

※１　法定雇用率

民間企業……2.2%（2021 年４月より前に，2.3%）

国，地方公共団体，特殊法人等……2.5%（2021 年４月より前に，2.6%）

都道府県等の教育委員会……2.4%（2021 年４月より前に，2.5%）

※２　障害者手帳の種類

１．身体障害者手帳

概要：身体障害者福祉法に定める身体上の障害がある者に対して，都道府県知事，指定都市市長又は中核市市長が交付する。

交付対象者：身体障害者福祉法別表に掲げる身体上の障害があるもの

別表に定める障害の種類（いずれも，一定以上で永続することが要件とされている。）：

①　視覚障害
②　聴覚又は平衡機能の障害
③　音声機能，言語機能又はそしゃく機能の障害
④　肢体不自由
⑤　心臓，じん臓又は呼吸器の機能の障害
⑥　ぼうこう又は直腸の機能の障害
⑦　小腸の機能の障害

⑧　ヒト免疫不全ウイルス（HIV）による免疫の機能の障害

⑨　肝臓の機能の障害

障害の程度：身体障害者福祉法別表に該当するかどうかの詳細については，身体障害者福祉法施行規則別表第5号「身体障害者障害程度等級表」において，障害の種類別に重度の側から1級から6級の等級が定められている（7級の障害は，単独では交付対象とならないが，7級の障害が2つ以上重複する場合又は7級の障害が6級以上の障害と重複する場合は，対象となる。）。

2．療育手帳

概要：知的障害児・者への一貫した指導・相談を行うとともに，これらの者に対して各種の援助措置を受けやすくするため，児童相談所又は知的障害者更生相談所において知的障害と判定された者に対して，都道府県知事又は指定都市市長が交付する。

交付対象者：児童相談所又は知的障害者更生相談所において知的障害であると判定された者に対して交付する。

障害の程度及び判定基準：重度（A）とそれ以外（B）に区分

○ 重度（A）の基準

①　知的指数が概ね35以下であって，次のいずれかに該当する者

- 食事，着脱衣，排便及び洗面等日常生活の介助を必要とする。
- 異色，興奮などの問題行動を有する。

②　知能指数が概ね50以下であって，盲，ろうあ，肢体不自由等を有する者

○ それ以外（B）の基準

重度（A）のもの以外

3．精神障害者保健福祉手帳

概要：一定の精神障害の状態にあることを認定して精神障害者保健福祉手帳を交付することにより，各種の支援策を講じやすくし，精神障害者の社会復帰，自立及び社会参加の促進を図ることを目的として，都道府県知事又は指定都市市長が交付する。

交付対象者：次の精神障害の状態にあると認められた者に交付する。

精神疾患の状態と能力障害の状態の両面から総合的に判断し，次の3等級とする（精神保健及び精神障害者福祉に関する法律施行令6条）。

1級：精神障害であって，日常生活の用を弁ずることを不能ならしめる程度のもの

2級：精神障害であって，日常生活が著しい制限を受けるか，又は日常生活に著しい制限を加えることを必要とする程度のもの

3級：精神障害であって，日常生活若しくは社会生活が制限を

受けるか，又は日常生活若しくは社会生活に制限を加えることを必要とする程度のもの

交付申請手続き：その居住地（居住地を有しないときは，その現在地とする。）の市区町村を経由して，都道府県知事に申請する。手帳の有効期限は，交付日から２年が経過する日の属する月の末日となっており，２年ごとに，障害等級に定める精神障害の状態にあることについて，都道府県知事の認定を受けなければならない（精神保健及び精神障害者福祉に関す法律45条）。

〈参考文献等〉

・厚生労働省「障害者手帳」（https://www.mhlw.go.jp/stf/seisakunitsuite/bunya/hukushi_kaigo/shougaishahukushi/techou.html）（2020.7.6 アクセス）

Question 13

トライアル雇用に関する助成金

トライアル雇用助成金がおりないこともあるのですか？

食品製造会社では中堅規模の企業の支社工場を管理しているＡさん。本社だけでなく，支社の製造ラインでも障害者雇用を進めていくことになりました。パート従業員でまかなっていた製造ラインで急な退職などの影響を受け，人材不足となり，現場からも改善の声があがっていることや，他部署の同僚から障害者雇用には助成制度があり雇い入れをしやすくなっているという情報を耳にしていたことが背景にありました。ハローワークで障害者求人を出し，知的障害者，精神障害者の２名を採用することになり，トライアル雇用助成金の申請を進めていきました。ところが，助成金が使えないという連絡がハローワークからきてしまいました。

A

☑ 採用を促進する助成金制度

事例のように，助成制度を利用し障害のある方の雇用を想定していたにもかかわらず，いざふたを開けてみると事業主自体が助成対象から外れており，再度調整が必要になってしまった事例は多くはないものの経験したことはあります。このような状況になってしまうと，本来障害のある方の雇用を促進するための制度が逆効果となってしまい，雇い入れ予定の方や現場従業員のモチベーションの低下など多くの影響が出てしまう可能性があります。改めて障害者雇用担当の方は助成制度について詳しく知っておくことが重要ですね。

まず，障害者雇用を促進していく上で，障壁となってしまう課題を考えてみましょう。「現場従業員へどのように理解してもらえばよいか」，また「本社と現場の障害者雇用の認識の差をどのようにして埋めればよいか」，そして「障害のある方にどういった勤務時間で，どの業務内容に従事してもらえばよいか」等々，他にも多数考えられます。そういった状況の中，障害者雇用担当者は，頭を抱え悩むことが多いように見受けられます。今回はこの状況を100％打開できるものではありませんが，打開し障害者雇用促進のための一歩につながる助成金制度について説明させていただきます。

今回Aさんが活用しようとしたトライアル雇用助成金は，いくつかの助成制度の中でも障害者を新たに雇う企業によく活用されている助成制度です。このトライアル雇用制度とは，試行雇用の期間（原則3か月間，精神障害者は最大12か月間）を設け，障害者の適性等を見極め，事業主と障害者の相互理解を促進し，雇用につなげることを目的とした障害者トライアルコースと，雇い入れ当初から週20時間以上の就業が難しく，週10時間以上20時間未満の就業が望ましい方を対象とした障害者短時間トライアルコースがあります。このトライアル雇用制度は，障害者を初めて雇い入れる事業主には試行で雇用する期間を設けることで，受け入れる安心感につながり，さらに雇用される障害者にとっても就労に対して感じている不安に対し，期間が定められていることで「まずはこの期間頑張ってみよう」といった安心感にもつながる方が多くいらっしゃいます。

しかし，ここで重要なのが，新たに雇い入れる障害者が助成対象になるかどうかです。障害者トライアルコースでは，労働局が対象労働者や対象事業主を定義しています（※）。事例では新たに2名の障害者を雇用したところ，助成金対象にならなかったとありますが，制度上定められた条件に合わなかったり，労働関連の法令違反があるケースなどは助成金は下りません。改めて雇い入れる際はその障害者，事業主が助成対象になるか等の事前の確認が必須です。

☑ 採用後を支える助成金制度

ここからは，トライアル雇用助成金以外に障害者雇用を進めていく上で，利用できる助成制度について紹介します。紹介する助成制度を利用の際は，要件や対象期間等が設けられているため，利用の前に制度の詳細や要件に合致するかなどを都道府県労働局やハローワーク等に相談することをおすすめします。また，支給額についても障害の程度や企業規模等に応じて異なりますので，あらかじめ厚生労働省のホームページで確認をしてください。

採用を促進する助成制度にはトライアル雇用助成金がありますが，雇い入れ後，継続的に労働者を雇い入れ続ける事業主に対して助成される「特定求職者雇用開発助成金」について説明します。この特定求職者雇用開発助成金には様々なコースが設けられていますが，特に障害者雇用を進めていく上では，障害者等の就職困難者をハローワーク等の紹介により，継続して雇用する労働者（雇用保険の一般被保険者）として雇い入れる事業主に対して助成される特定就職困難者コース，発達障害者や難治性疾患患者をハローワーク等の紹介により，継続して雇用する労働者（一般被保険者）として雇い入れる事業主に助成される発達障害者・難治性疾患患者雇用開発コース，障害者雇用の経験のない中小企業（障害者の雇用義務制度の対象となる労働者数45.5～300人の中小企業）が障害者を初めて雇用し，法定雇用率を達成した場合に助成される障害者初回雇用コースの３つがあります。これらの助成金は，職場環境への適応に時間がかかる障害者や雇い入れからすぐに本来のパフォーマンスを発揮することが難しい障害者の賃金相当額の一部を助成するものであり，今後，本来のパフォーマンスを出してもらえるよう長期的に雇用し続けるための助成金となります。支給，受給対象事業主の方は参考にしてみてはいかがでしょうか。

※ 障害者トライアル雇用の支給対象にならない場合

1	基準期間（障害者トライアル雇用を開始した日の前日から起算して6か月前の日から障害者トライアル雇用期間を終了する日までの期間をいう）に，障害者トライアル雇用を行う事業所において，雇用保険被保険者を事業主都合で離職させたことがある場合
2	基準期間に障害者トライアル雇用を行う事業所において，特定受給資格者となる離職理由のうち，「雇用保険被保険者離職票」の離職区分コードの1Aまたは3Aの理由によって離職した人の数を事業所全体の雇用保険被保険者数で割った割合が，6％を超えていた場合（この離職者数が3人以下の場合を除く）
3	高年齢者雇用確保措置をとっていなかったために，「高年齢者等の雇用の安定等に関する法律第10条第2項」に基づく勧告を受けた後，支給申請日までにその是正がなされていない場合
4	障害者総合支援法に基づく就労継続支援事業（A型）を行う事業所である場合（対象労働者を職員などの施設利用者以外の人として雇い入れる場合を除く）
5	障害者トライアル雇用を開始した日の前日から起算して過去3年間に，障害者トライアル雇用を行った事業所において，障害者トライアル雇用を実施した後に継続雇用する労働者として雇用されなかった障害者（障害者本人の都合による離職や本人の責めに帰すべき解雇等は除く）の数に障害者トライアル雇用結果報告書兼障害者トライアル雇用助成金支給申請書が提出されていない人の数を加えたが3人を超え，継続雇用する労働者として雇用された数を上回っている場合

〈参考文献等〉

- 厚生労働省「障害者トライアルコース」「障害者短時間トライアルコース」（https://www.mhlw.go.jp/stf/seisakunitsuite/bunya/koyou_roudou/koyou/kyufukin/shougai_trial.html）（2020.7.6 アクセス）
- 厚生労働省「特定求職者雇用開発助成金（特定就職困難者コース）」（https://www.mhlw.go.jp/stf/seisakunitsuite/bunya/koyou_roudou/koyou/kyufukin/tokutei_konnan.html）（2020.7.6 アクセス）
- 厚生労働省「特定求職者雇用開発助成金（障害者初回雇用コース）」（https://www.mhlw.go.jp/stf/seisakunitsuite/bunya/koyou_roudou/koyou/kyufukin/shougai_shokai.html）（2020.7.6 アクセス）

Question 14

障害者雇用に向けた環境整備，従業員側の不安への対応

初めての障害者雇用で社内体制をどのように構築すればよいのかわかりません。

上司から障害者雇用推進担当に任命されました。当社は法定雇用率を達成しておらず，達成するためには，あと７名の障害者を雇用する必要があります。会社内で障害者雇用を推進していくため，何をすべきか全くわかりませんでしたが，障害者雇用促進セミナーを受講し，障害者雇用の先進的な企業への見学とヒアリングを重ねることで，社内の障害者雇用推進体制を整えることができました。その結果，無事に法定雇用率を満たすことができました。

A

☑ まずは計画を策定しましょう

障害者雇用を会社内で促進するために，まずは計画を作成しましょう。障害者雇用の社内周知としては，経営側へのアプローチ，従業員側へのアプローチの２つを用意します。

- 経営側へのアプローチ：CSR（※１）の観点や障害者も戦力になるという視点
- 従業員側へアプローチ：障害者への対応の理解促進，特性を見極めて，仕事上での役割や配置ポイント，現場での不安がないよう実習等を受け入れて理解促進を図る視点

これらの視点をもとに障害者雇用を推進する計画を立ててみます。

☑ 経営層，障害者雇用担当役員などへの障害者雇用の意味，意義の理解促進

障害者雇用を社内で周知する体制を作り上げるためには，まずは雇用前に，障害者雇用への理解を会社内で広げる必要があります。その最初のステップとして経営層，障害者雇用を担当する役員などに，企業が障害者雇用を進めなければならない意味や意義を様々な視点から説明することが重要です。コンプライアンスとして障害者雇用率を守るべき必要があることへの説明，CSRにおける活動の一環として，障害のある方たちへの社会への取組や雇用推進の姿勢を企業として打ち出し，報告することの必要性などがあります。

☑ 経営上の企業戦略的な視点での位置づけと社内体制づくりの推進姿勢

経営や企業戦略的な視点では，事業発展のためのESG（※２）における取組も企業評価，投資判断基準を高めるとの説明として効果的だと考えます。また，世界中で取り組まれているSDGs（※３）への取組においては，政府をはじめ日本の経済界も注目していることから，これからの企業にとって必要であり，ビジネスにおいても価値が高いことを示しているため，これらの取組の一環として行うべきであるということの説明も重要です。これら障害者雇用推進における企業への意味，意義を様々な視点から理解してもらった上で，経営層，役員主導で組織的に社内体制づくりに取り組み，推進していくという姿勢を打ち出すことが必要です。

☑ 受入現場へ障害者戦力化への理解促進

経営層，役員の理解が得られ，障害者雇用推進への社内体制づくりの取組が始まれば，実際に受入れが想定される現場の人たちにも理解してもらい，全社的なコンセンサスを得ることが必要です。その際には，障害のある方は十分仕事上の戦力になるということを，実際に雇用されている現場の事例，見学などを通じて理解できるように工夫することが大事です。障害のある方

を雇用するのに社会的責任上での企業のコストとして考えず，企業内の創意工夫により戦力になる一社員として雇用するということを意識づけることが肝心です。また，雇用を想定する際に活用できる助成金，支援なども必要に応じて組み合わせて説明するとイメージがつきやすく，より効果的に理解につながります。

☑ 障害者雇用計画と体制づくり

次に，障害者雇用の計画を立てます。何人程度採用するのか，どのような職種で雇用するのか，その部署に何人配置する予定なのかなど十分に考え，実際の社内現場の体制づくりを進めていきます。また，障害者差別解消法（※４）の対応として，職場において企業で提供できる配慮が十分であるかを確認するための相談窓口を設置し，担当者を決めます。窓口の設置後はそれを社内に周知し，障害者への合理的配慮の提供義務が十分であるかを検討できる体制もつくる必要もあります。

☑ 採用する障害者の理解と支援機関の連携

実際に受け入れる現場では，受け入れる障害者の理解や，想定される配慮ポイントなどを，ハローワーク，地域障害者職業センターなどの支援機関を利用しながら一緒に考える体制をつくります。支援機関を利用することで，社内では不安に思ったことへの相談や，社内では解決できないことへの対応等への連携もできるようになります。はじめて障害者雇用をする現場や，新たに精神障害者などを雇用する現場では，現場の理解を深めるために実習の受入れも効果的です。また受け入れる際には，障害者が職場での困りごとなどを気軽に相談できるようなキーパーソンとなる担当者を決めておくことも効果的です。

障害特性によってはコミュニケーションが難しく，なかなか相談しにくいケースもあるので，必要に応じて面談をする体制づくりをする方法もあります。受け入れる際には，雇用前にある程度の特性理解と職場の体制づくり，職種が適切であるのかを見極める必要があります。その見極めも支援機関などと連携しながら行うと雇用後のトラブルが軽減されます。

☑ 症状の波によるモニタリングと，リスクマネジメント，フレキシブルな体制づくり

精神障害者を雇用した際には症状や気分にも波があることが想定されるため，現在の職種や仕事量が適切であるかどうかを定期的に見極める体制づくりをします。障害特性によっては，仕事の成果や勤務状況にムラがあったりする場合もあるので，問題となりそうな事象をあらかじめ予期し，事前に対応できるようフレキシブルな体制を作り上げることもリスクマネジメントとして必要です。特に精神障害者の場合には，体調に波があることがあるので，随時フレキシブルな対応を求められることも多く，仕事量の増減や配置換え，勤務時間の変更など，それに対応できる体制づくりは効果的です。このような体制づくりを行えば，障害のある方も一戦力として雇用できるようになります。

Extra

※1　Corporate Social Responsibilityの略で，企業が果たすべき社会的な責任との意味で，労働，人権，環境問題などに関する活動である。

※2　環境（Environment），社会（Social），ガバナンス（Governance）の頭文字を取ったもので，近年重要視されるサステナビリティ経営（持続可能な経営）においてこの視点が重要であると言われている。

※3　2015年9月の国連サミットで採択された「持続可能な開発のための2030アジェンダ」にて記載された2030年までの国際目標。2017年の世界経済フォーラム（ダボス会議）において，SDGsの推進により12兆ドルの価値，3億8千万人の雇用が創出されるとの推計が出たことが1つの契機になり，経済界が一気にコミットするようになった。

※4　2016年4月に施行され，障害のある人に対し，「不当な差別的取扱いの禁止」，「合理的配慮の提供」を企業にも求められるようになった。

Question 15

仕事とのマッチング，キャリア形成

どのような仕事を用意すればよいのでしょうか？

精神障害があり中途採用で入社したＡさんとＢさん。Ａさんは人と関わることで不安が強くなりしんどくなる特性があり，一方，Ｂさんは好調の時と不調の時との状態に波がある特性がありました。通常の一般事務作業員として配置していましたがうまくいきません。そこで，Ａさんにはあまり人と関わらずに済むデータ入力中心の作業，Ｂさんには様々な作業に関われるようにし，随時状態に合わせた作業を任せることでそれぞれの障害特性に配慮して任せられる仕事が用意できました。

A ☑ 障害特性を考慮した仕事を考える

精神障害には，うつ病，双極性障害（躁うつ病），統合失調症，てんかんなど様々な病名があります。また，同じ病名でも人それぞれ症状が違います。精神障害者だからこのような仕事があっているということではなく，人それぞれの病状や特性に応じて仕事を考えるようにするか，会社内の業務に比較的合うような精神障害者を求人するかという方法が考えれらます。しかし，職種が合うだけでは戦力として長く働くことは難しく，人それぞれの障害特性に応じた対応や，同じ職種の中でも仕事を切り出してみるというような様々な工夫が考えられますので，用意する仕事が適切なものであるのか？　との視点で比較的精神障害者の特性を考えた，いくつかの事例をもとに説明します。

- 集中すると疲れやすくなる，疲れが蓄積していく特性のある人：短時間勤務や有休の取得がしやすい職場環境，ある程度複数人でカバーできる

ような仕事内容，残業時間が少ない仕事内容など

- 緊張感が高い，あるいは不安感が多い特性のある人：納期の制限が緩やかなでプレッシャーが比較的少ない仕事内容にすることと，不安がないかをお互いに確認できる仕組みや，ミスをしたときには対応策を一緒に考える人間関係，社内風土があるような現場に配置する
- 人と関わることで精神状態が不調になりがちになる特性のある人：一人で黙々と進められるような仕事内容，作業量が一定で仕事内容が比較的安定して急な指示変更などがないようなもの
- 精神状態に波がある特性のある人：その人の状態が把握できる環境や仕組みづくり（顔色などや声の調子，業務日報など）ができ，不調の場合には声かけできるような職場環境がある仕事

このように会社内の業務を見直して，精神障害者の特性を考え仕事を用意します。できれば特性に合わせた仕事の創出や，業務内の仕事内容の一部を切り出し，１つの仕事を分担して考えて用意することがよいと考えます。ただし仕事の内容だけではなく，その仕事を行う職場環境も十分勘案して，一人一人の特性に応じて仕事や配置する職場を検討していく必要もあります。

☑ 用意した仕事内容とマッチングする採用のポイント

仕事内容，配置する職場を決めた後は，以下のポイントを考えて，用意した仕事内容，職場環境が合うかどうか考える必要があります。

ポイント１　職務経験や学歴

精神障害者は，発症するときにすでに働いていたり，学生であったりすることがあります。すでに働いている場合は，その職種においての技能や知識が役に立ち，即戦力となる可能性もあります。また，学生などの場合でも，発症するまでに得た知識や経験などを活用して仕事ができる場合もあります。発症前の経験が雇用後，用意した業務上で役立つ可能性もありますので，その部分も採用のポイントとして考えることで，会社で用意した仕事に合う人材が見つかる可能性があります。

ポイント２　本人の意思，状態

用意した仕事への技能や知識があるからといって採用を考えてみても，中

途障害となった場合には，それまでに経験していたような職域で再度働いてみることで再発するのではないかという不安感などが拭えない場合もあります。また，今まで経験したことを生かしたいということも考えられます。本人が用意した仕事を行ってみたいという意思の確認や，不安がある場合には一緒に職場環境について話したり，実習を行ってみるといったように不安を軽減できるように考える必要もあります。そして，家庭環境や給与の状況なども一緒に話して，本人と仕事内容，職場環境がマッチングするかどうかを考えてみる必要もあります。本人が用意した仕事について「働きたい」と感じたとき，企業としてどこまで配慮できるかということを考え，話し合うことも重要です。

ポイント３　現在の病状，症状

精神障害者は，一般的に精神の状態に波があるといわれています。まずは最初に関わったときに，現在は働ける状態まで安定しているのかを見極める必要があります。用意した仕事が順調にできたとしても，薬があっていない場合や躁状態で調子が良かった場合など，雇用してからすぐに調子が悪くなる可能性もあるので，支援機関などを通じて病状を把握しておくことも必要です。またその際に，今後職場で働く上で気になる症状なども把握しておくことも重要です。

このようなポイントをもとに，用意した仕事内容，配置する職場が適切かどうかを判断することが必要となります。

☑ 差別の禁止と合理的配慮の提供

雇用した後の給与体系やキャリア形成については，他の社員と同じようにする必要があり，障害特性により特別扱いをすることはできません。ただし，障害特性による職場上の配慮は合理的配慮の提供の観点から必要であるため，配慮は必要，特別扱いは不要ということを理解した上で対応することが求められています。

〈参考文献等〉

• 独立行政法人高齢・障害・求職者雇用支援機構「障害者雇用マニュアル（コミック版

4）精神障害者と働く」（2018年12月改訂）（http://www.jeed.or.jp/disability/data/handbook/manual/emp_ls_comic04.html）（2020.7.10 アクセス）

• 独立行政法人高齢・障害・求職者雇用支援機構：職域拡大等調査報告書「No３　精神障害のある社員が安定して長く働くために（中小企業における精神障害者の雇用管理に関するＱ＆Ａ）」（2016年９月）（https://www.jeed.or.jp/disability/data/casebook/ex_ls/om5ru800000050mn-att/q2k4vk000000tnpc.pdf）（2020.7.10 アクセス）

Question 16

面接の進め方―働く上での得意・不得意，障害特性の把握

どんなことを面接で聞きますか？

経理を主に担当する総務課に勤務している課長のＢさん。人事課から，障害者雇用枠で採用する人材を総務課に受け入れることになるので，二次面接に同席し，「実際に働けるかどうか見極めてほしい」と頼まれました。面接に現れたのは，30 代前半のうつ病と診断された精神障害者保健福祉手帳２級の男性でした。備考欄に「体調が悪くなることがあるので配慮してほしい」とだけ記載されています。Ｂさんは何をどこまで聞いていいのか分からず困ってしまいました。

A

症状や配慮については本人に確認を

精神障害のある方々と働く上で，こうした採用面接のみならず「どういった症状があるのか」，また「どのように周囲は配慮したらいいのか」について，聞きたい場面（聞かなければならない場面）は多々あるかと思います。Ｂさんのように，「何をどこまで聞いていいか分からない」という悩みは多くの方が経験するものではないでしょうか。さて，この「何をどこまで聞いていいか分からない」という難しさが生じる背景を考えると，大きく２つのことが考えられます。「精神疾患に関する知識」と「直接聞くことに対する不安」です。それぞれについて，本事例に基づき考えてみます。

まずは「精神疾患に関する知識」です。本事例では「体調が悪くなることがあるので配慮してほしい」という記載がありますが，そもそもうつ病の症状や基本的な治療法などを知っておかなければ，配慮について考えることもできません。ですので，まずはうつ病の診断基準や症状，医療で行われる基本的な治療法について学んでみてください。今では一般向けの書籍もありま

すし，インターネットのウェブサイトも充実しています。おすすめなのは，うつ症状を評価する質問形式のチェックリストの項目を丁寧に読んでみることです（※）。病院等でも用いられるチェックリストの各項目を読むことで，うつ病患者の体験を具体的に知ることできます。また今回の求職者は，精神障害者保健福祉手帳２級を持っています。この手帳が示す等級も含めて，人事課とＢさんで調べてみてください。分からないことが出てきたら，ハローワークや関係する医療や福祉の支援者に聞いてみるのもよいでしょう。

次に，精神症状などを「直接聞くことに対する不安」です。以前，精神障害のある方々と一緒に働く同僚の皆さんを対象に調査をしたところ，症状について直接尋ねることへの不安が多く聞かれました。しかし，症状や対応については，やはり直接聞かなければ分かりません。それは，私たち精神医療の現場で働く専門職も同じです。これまで当事者の方にも職場での対応のあり方についてうかがってきましたが，職場でご自身の症状や求める対応などを聞かれることは不愉快ではないし，むしろ理解してくれようと感じるという方がほとんどでした。もちろん丁寧な配慮に基づくコミュニケーションが前提ですが，仕事で必要なことは率直に聞き，配慮等についても本人を含めた話合いで決定していくことが原則です。

☑ コミュニケーションのポイント

率直に聞く上で，症状など繊細な内容を含むこともありますし，具体的な配慮などは当事者と交渉が生まれる場面もあります。そこで留意しておきたいコミュニケーションの方法として，３つのポイントをお伝えします。１つ目は「質問や発言の意図まで説明する」ということです。なぜこの質問をするのか，を言葉で説明することで「なぜこんなこと聞くのだろう？」という不安を軽減できます。うつ病をはじめ精神疾患の多くは，悪い想像をしてしまう特徴があります。意図を言葉にして伝えることは意識しないと難しいのですが，できるところから取り組んでみてください。

次に，「話を最後まで聞く」ことです。もちろんできている方も多いのですが，私たちの会話をよくよく振り返ると，相手の話が“終わりきる”前に自分の意見を述べていることがあります。相手が話している最中に「あ～，それはね」といったように，途中で言葉を挟むことはないでしょうか。焦りやイライラなどの感情も影響します。こうした場合，話し手からすると，話を聞いてもらえなかった経験になっていきます。もちろん全ての状況で最後まで聞くことは難しいですが，できる限り「〜ということですね」，「〜と理解しましたがあっていますか？」など，確認の言葉として内容を伝え返すようにしてみてください。そうすることで，認識の食い違いを減らせると同時に，話を聞こうとする態度も伝わりやすくなります。

最後は，「沈黙は焦らず待ってみる」ことです。例えば，具体的な業務を提案した時や職場の雰囲気について感想を尋ねる時など，何か返答を求める質問をした際に沈黙に遭遇します。そのとき，皆さんならどうするでしょうか？　こちらの時間の制限や対応への不安などから，そのまま説明を続けることや，質問を変えるなど，こちらから話すことが多いのではないでしょうか。沈黙が生じる背景には様々な要因があると思いますが，多くの場合，相手が話し出すまで待っていた方がベターです。そもそも，うつ病をはじめ精神疾患の多くは，情報処理の力が低下すると言われます。ですので，基本的に判断と返答に時間を要することを知っておいてください。また，問いに対する答えをまとめているときに口をはさんでしまうと，その人が本当に言いたかったことを妨げてしまうかもしれません。会話が止まっても３〜５秒ほどは沈黙のまま相手の様子をうかがうようにしましょう。もちろん，必要に応じて別の質問に切り替えるなども必要になりますが，沈黙を大切にすることで，相手にとってはゆったりとした安心感が提供できるかもしれません。

これらは，精神障害の有無を問わず，丁寧なコミュニケーションとして一般的にも広く応用が可能なポイントになります。日頃から職場全体で意識して行うことで，職場のコミュニケーションが安全かつ効率的になることが期待できます。

☑ 具体的に聞くべき項目と留意事項

このように直接聞くことの準備や心構えが整ったところで，何を聞くのか？　ということが問題となります。一緒に働くことを考えると，やはり悪化する前に気づき，適切に対処ができるかがポイントになります。自分の症状や悪化のサインについて，また，その場合の“自分なり”の対処方法については聞きましょう。その上で，職場に求める配慮について具体的に問い，職場で実際に可能なのかを考えることになるかと思います。

最後に，本稿では率直なコミュニケーションを推奨しています。ただ，障害当事者の方々にとって，症状悪化のサインや対処について言葉で説明することは簡単なことではありません。全体を通して，話すこと，表現することの難しさについては，最大限の配慮をお願いしたいと思います。

Extra

※　代表的なものに，PHQ-9（Patient Health Questionnaire-9）やＢＤＩ（Beck Depression Inventory），CES-D（The Center for Epidemiologic Studies Depression Scale）などがある。

〈参考文献等〉

• 厚生労働省「知ることからはじめよう，みんなのメンタルヘルス」（https://www.mhlw.go.jp/kokoro/）（2020.7.7 アクセス）

Question 17

採用前に企業側が本人にできること

不安感が強い求職者から，入社を断る連絡が入りました。

精神障害のある方（Ａさん）と面接をして採用を検討しました。しかし，Ａさんは職場環境や仕事内容に不安を覚え，面接時に様々な不安を面接官に訴えました。そこで，不安を解消するために説明や職場の見学を行いましたが，不安を完全に消すことはできなかったようです。

A

☑ 精神障害者の働くことへの不安と対応

誰でも就職活動をしていて，いざ採用という場面で不安を抱えるケースはありますが，精神障害がある方の場合，人との関わりや職場環境，仕事内容などで不安を多く抱いてしまうことがあります。例えば，

- 混雑した電車の中で不安になり，パニックにならないだろうか？
- 仕事を継続していけるように体調管理ができるだろうか？
- 気分が落ち込んだときにも仕事へのモチベーションが保てるだろうか？
- 人と関わるのが苦痛になってきたとき，職場内で人と関わることができるだろうか？
- 休み時間に一人で食事や休憩をして周りの人の心証を悪くしないだろうか？

など，上記のような不安を抱えるケースが多くあります。まずは何を不安に感じているかということを聞き出し，その内容について１つ１つ分かりやすく説明し，できれば体験してもらうとよいでしょう。

通勤時間の電車に実際に乗ってみて混雑具合を確認し，出退勤時間を調整したり，会社で実際に働いている現場を見学したりして，仕事の様子や休憩

の様子などを見て人事担当者と互いに確認する，職場内で実習をして職場の雰囲気や内容，やり方などを実際にやってみて確認するなど，１つ１つの不安を軽減させていく工夫をします。ただし，長期的な勤務が続くのかといったような不安には，短期間の実習などで不安を取り除くのは難しいため，働くのがしんどくなったときに相談できる職場の体制の説明や，対応例などをあげるなどして，働いた後のフォロー体制のことなど，最初に伝えておくことも重要です。

☑ 不安に感じていることを聞き出す仕組み

不安に感じていることを聞き出すことも大切で，支援機関の支援者と連携しながら，支援者が相談に応じ，障害のある社員から同意を得た範囲で確認します。場合によっては，本人に関わる支援機関，関係者で情報を共有して，障害特性を考慮して不安になるだろうということを予測してもらうこともよいと考えます。支援機関，支援者などがいない場合には，会社内で不安に感じていることを聞き出しますが，不安に感じていることをどのように聞き出すのかもいくつかのポイントがあります。

- 本人が一番話しやすい，あるいは話しやすそうな人に聞いてもらう。
- 安心できる環境，会議室など，なるべく周りに人がいない環境などを利用する。
- 雑談がてら聞いてみる。
- 話しづらい人には書面で書き出してもらう。
- 日報などを利用して日々不安に感じたこと書いてもらう。

などです。また聞き出した内容に関しては，１つ１つ本人が納得できるように，その解決策を話し合うことも必要です。そのような工夫をして，少しでも不安の軽減がはかれるようにします。

☑ 実習，トライアル雇用の有効活用

実習やトライアル雇用（**Q 13（49 頁）**参照）を利用して，実際に職場環境や仕事内容を体験するのがとても効果的です。特に不安が大きい人には，

最初は短時間から始めて徐々に慣れるようにしてみるのも，不安を少しずつ取り除く1つのポイントになります。

また，今までのトラウマで自己肯定感が低い人も多くいます。自分の状態がまだよく分かっていない人もいます。そのような人には些細なことでも褒める，役に立っているということを具体的に本人に伝えて自信を持つようにする，ということで不安が軽減されます。まずは，今の自分で十分役に立っているということを根気強く伝えていきます。発症時から比べて自分の能力が落ち，なかなか自己肯定感を高く持てない人も多くいるので，今の自分でできることで十分役に立つということを説明して，自信をつけて仕事へのモチベーションを維持できるようにします。そのようなことを日々繰り返していくうちに，徐々に不安も軽減していきます。

☑ 定期的なフォローアップ体制を伝える

調子が安定しないことや，働いた上での自分の状態や調子がわからないことから，最後の段階で就職を本人がためらうことがあります。その場合には，定期的な面談をする体制があることや，調子が悪くなってもフォローできる体制を作れることを説明するなど，働き始めてからのフォロー体制があることを伝えることが必要です。

このように精神障害のある方は，就職に際して，調子を崩すかもしれない，仕事ができるようになるのかという不安を抱えていることがあります。そのことは逆に，真面目さや就職したいという強い意欲の表れともいえるのではないでしょうか。人手不足の現在，障害者雇用に限らず，人材を採用するためにはきめ細やかな配慮が求められるのではないでしょうか。

Question 18

インターンシップ受入体制

企業実習（インターンシップ）とは何ですか？

ホテル業を全国展開している企業の大阪エリアを任せられているＡさんは，ホテルのベットメイクを行うパート従業員が恒常的な人手不足であることから障害者雇用を進めることにしました。この雇用について，マンパワー不足解消のための改善策の１つとして社内で承認されました。ただ，現場の管理者からは現場にはノルマがあるため，そのノルマを障害のある方が果たしてこなせるのか不安の声があがっていました。そこでＡさんは地域の障害者就業・生活支援センターの担当者と相談したところ，就労継続支援事業所に在籍している障害のある方に職場で仕事を体験する機会を提供することを勧められました。

A ☑ 企業内での実習を有効に活用する

初めて障害者の雇い入れをするとなると，その現場担当者や従業員の方々には不安が生じることも少なくありません。具体的には「どういった障害のある方と仕事をするのか？」，「周りの従業員ともうまくやってくれるのか？」，「本当にこの業務ができるのだろうか？」などです。障害のある方がどのような方でどのような仕事ができるのか，現場で理解を進めることができるのが企業実習です。

この企業実習とは，一定期間障害者を実習生として受け入れ，現場で勤務経験を積んでもらうことになります。さらにこの企業実習は大きく２種類に分かれており，就労移行支援事業所等を利用中の障害のある方が訓練を目的として行う実習と，一定期間訓練を受け，自らの強みや働くに当たり配慮が必要な項目が整理された段階で，就職活動を視野に入れた職業準備性を見極める目的の実習があります。

まず，訓練を目的とした実習について説明します。この実習は主に，障害者就業・生活支援センターや障害福祉サービスの就労移行支援，就労継続支援A型，就労継続支援B型を利用されている障害のある方が，施設内の活動だけでなく企業の中で仕事をすることで，自分に合う作業内容や職場環境(対人面も含む)，そして自分の得手不得手を整理し，今後一般企業への就職を目指すための経験を積むことを目的としています。受入れに当たっては上記のサービス利用者であるため，障害のある方と企業担当者だけで実習を進めていくことは非常に少なく，間に支援者が入り，実習に向けた顔合わせや障害のある方の紹介をするなどの調整を行います。

また，実習中には障害のある方への支援，実習後の振り返りを行います。実習は障害のある方にとっては非常に有益な時間となり，施設内活動だけでは経験できなかった達成感や満足感，実習先へのコミットメントを感じることができます。同時に，企業からのいわば仕事のプロとしてのフィードバック（評価）が，実習をした障害のある方にとって，障害特性の理解につながることになります。さらに，精神障害のある方には長期的な実習（3か月程度）に効果があると考えられています。精神障害のある方は非常にスキルの高い業務をこなし，一見コミュニケーションが得意と感じられる方もいます。しかし，中には慣れてきてから周りの従業員の輪の中に入ったときに，対人関係での「しんどさ」が出る方も少なくありません。そこで，長期的な実習で経験を積み，訓練の段階でこの「しんどさ」を経験することで，支援者とともに整理し，次の段階に進むことができるのです。

☑ 企業実習で見極める

職業準備性を見極める目的の実習は，企業が障害者雇用を進めていくために想定した仕事を受け入れた実習生が担当し，実習期間中に障害のある方と事業主が相互理解し，就職を視野に互いを見極めることを目的としています。この実習を行うに当たって，重要となるポイントが3つあります。

まず，見極める目的で行う実習での障害のある方との顔合わせは面接ではないということです。支援機関から実習の依頼があり，顔合わせをする際は面接という形をとってはいけません。面接が雇用予約とみなされると助成金制度（**Q 13（49 頁）**参照）が利用できない場合があります。あくまで実習のための顔合わせという考え方になります。

そして，2つ目に，職業準備性を見極める目的の実習は無給の訓練ですから，期間はあまりに長いのは問題です。3か月未満が目安となります。3か月以上の実習後に雇用した場合，助成金等が使えなくなってしまいます。

3つ目として，実習期間中に実習生との間で賃金の授受があってはいけません。事業主の想いとして，「せっかく頑張って実習に来てくれているから，本人に気持ちを渡したい」という相談が支援機関によくありますが，事業主から実習生に対して金銭の授受が発生すると「雇用している者」として扱われ，やはり助成金等が使えなくなってしまいます。

上記のポイントに注意すれば，この実習は非常によい効果があります。障害のある方は，業務内容，職場環境を実際に経験して理解できます。事業主にとっては，障害のある方の業務スキルや対人スキルを把握することができます。障害者雇用に対して相互理解が進むことで，事業主はハローワークに求人票を出しやすくなりますし，障害のある方は紹介状を得た上で，自らの仕事能力にある程度自信をつけてから面接を受けることができます。こうしたプロセスを経ることで，採用後の定着率にもよい効果が出ています。

☑ 企業実習を安心して実施するために

最後に，企業実習を受け入れる際に事業主から必ず聞かれる質問に「もし，実習中に事故にあった場合どうなるのでしょう？」というものがあります。この点も心配ありません。なぜなら，障害者就業・生活支援センター，障害福祉サービス事業所に所属している実習生は，訓練（企業実習を含む）における保険に加入しなければならない義務があり，保険に加入して実習に臨みます。ですから，万が一，企業実習中に事故などがあった場合でも各支援機関が加入している保険が適応されるため，事業主としては安心して実習を受け入れることができることもメリットです。まずは，企業内での障害特性の理解促進のためにも，実習を受け入れてみることからはじめましょう。

※　実習の受入れまでの流れ

①　実習受入れの相談

障害者の職場実習に当たり，支援機関の担当者が事前に電話や訪問等により実習受入れの相談をする。

②　職場見学

対象障害者と支援機関の担当者で職場見学をさせていただき，日常業務について事業主や現場担当者から話をうかがう。支援機関からは対象障害者の紹介を併せて行う。

また，支援機関の担当者のみで事前に職場見学に行くこともある。

③　実習受入れのための準備

企業のご都合と対象障害者の希望や作業能力等を踏まえ，実習期間を設定する。

実習は数日間から行うことができる（長期的な実習が望ましい場合もある。)。

対象障害者は実習における目標を設定する。

企業は対象障害者にやっていただく業務の切り出し，整理を行う。

④　実習の開始

⑤　振り返り（フィードバック）

実習終了後，今後対象障害者が一般就労を目指すに当たって大事にすべき点，改善が望まれる点を支援者も含めて三者でフィードバックを行う。

Question 19

医療機関・就労支援機関との連携

支援機関から急に連絡がきました。どうすればよいでしょうか？

従業員300人の印刷・出版会社の総務課で主任をしているCさんには，入社3か月になる統合失調症の30代男性（Dさん）の部下がいます。Dさんは入社して1か月目まで体調が安定せず，短時間勤務で働いていましたが，2か月目以降は落ち着いてきたので，本人と話して，勤務時間を徐々に伸ばしていくことになりました。それに伴い新しい業務も任せており，ここ2週間ほどCさんも忙しくてDさんの様子を見ていませんでしたが，急にDさんが休んでしまい，翌日も体調不良ということで休みました。気になっていたその日に「Dさんを支援している就労支援機関の支援者ですが」とCさん宛に連絡がきました。Cさんは突然のことに驚きましたがひとまず電話に出ることにしました。

A

☑ 支援機関が連絡してくる理由

事例から，まずは支援機関が連絡してくる理由について考えましょう。事例では，主任のCさんはDさんとよく話し合いながら進めてきたものの，Dさんがお休みをして2日目に支援者から連絡が来たという経緯でした。その対応の早さから，Dさん自身，あるいは家族が支援機関に相談したのかもしれませんし，Dさんは定期的に相談していた可能性も考えられます。いずれにしても，こうした医療機関や就労支援機関（※1）などの支援機関から問い合わせがあった場合，その主たる目的は，早期に障害のある社員の方と雇用されている企業の両方に関わり，善後策についてともに考えていきたいと考えているからです。具体的には“病状の説明と配慮の依頼”が行われることが多いですが，まずは“状況の把握”が必要です。精神障害者の就労を支えていく上で，企業と就労支援機関，そして医療機関の３つの領域での連携が重要になります。精神障害のある方を雇用した際には，これらの支援機関との連携を想定しておいてください。

支援機関との連携の意義

医療機関や就労支援機関と連携する目的は，精神障害を抱えて働く方の症状や対処について就労支援機関と共有することで，安定した就労の継続が期待できるからです。ただし，こうした不適応や精神症状からの就労可能性に関する判断は，医療機関（主治医）の役割となります。一方，精神障害を抱えて働く方が日常で働く様子をよく把握しているのは企業の同僚や上司であり，日々の対応についても企業の方々になります。精神症状は日常的なストレスなどの影響を強く受けるため，医療機関が適切な判断を行う上でも企業での様子は重要な情報です。そこで連携が必要となり，就労支援機関との連携についても同様です。就労支援機関は，生活全般の状況や状態を考慮した上で，精神障害のある方と職場との間に入り調整を行うことが役割となります。

支援機関が求める情報

支援機関が職場での不適応をキャッチした際，状況の把握を行います。“状況の把握”とは，概ね，①精神症状（広くストレス），②業務内容，③職場環境（支援体制を含む），の３つのことであり，不適応に至るまでの過程を確認していくことが一般的です。①の精神症状では，精神障害がある方の訴えや状態の細かな変化から医療機関が総合的に理解し，治療や今後の対応について判断します。今回の事例では初めての連携ということから，連携の体制について相談し，おそらく①～③の状況について職場での状況を確認することになると考えられます。なお，今後の支援に向けては「なぜ落ち着いてきたのか」について分析することも重要です。１か月目から２か月目に落ち着かれた変化についても，あわせて伝えるとよいと思います。

次に，②の業務内容です。Ｄさんに任せることになった新しい業務について，具体的な内容が気になるところです。Dさんの同意の上で任せたわけですが，業務内容そのものの難度の変化と同時に，「責任の程度」や「コミュニケーションの広がり」，「完成度の抽象性」（※２）の変化などは業務のストレスに関わることが多いため，それらを勘案して仕事ぶりを確認しながら任せていくことが大切になります。

最後は，③職場環境（支援体制を含む）です。Cさんを含む同僚とDさんとの関係についても職場適応に影響するため，支援機関が把握したい情報です。この事例では，雇用からまだ３か月であるため同僚の態度に大きな変化はないと考えられます。しかし，一緒に働く時間が長くなるほど，配慮の意識が遠のいていく状況が散見されます。また，「勤務期間が長くなる＝成長していくはず」という無意識のルールが私たちには存在するようで，同じ業務をずっとしている精神障害のある方を見て，職場全体に「そろそろステップアップしたらどうか」という雰囲気が生まれる場合もあります。これはある意味当然ではありますが，障害特性から，いわゆる一般に多くの人がイメージする“成長”を，そのときすぐに求めることができるのかを検討しましょう。時間の経過とともに，同僚との関係にも変化が生じることもあり，必要があれば支援者との共有と関係性への調整も行います。

なお，これまでDさんが就労支援機関の支援者とこまめに相談をしていたのであれば，現在のDさんの状態の説明と，今後の対応についての話が中心になるかもしれません。上記①～③の状況を合わせて関係する医療機関や就労支援機関と共有し，具体的な今後の方針について話し合うことになります。Cさんでは対応できない範囲での調整が必要になるかもしれませんので，その場合は，管理職が中心となり対応する必要があるでしょう。

☑ 円滑な連携に向けて

事例では連携がこれから始まることから，やはり職場としては，Dさんの障害特性の理解と職場での対応の留意点，体調悪化時のサインと対応方法について確認しましょう。“どのような状態”になったら，“誰”に，“どのように”連絡したらよいかを明確にしましょう。そして，事例のように，不適応が起こってから連携をとるのではなく，働き始めた当初からこれらについて共有しておくことが理想です。時には，個人情報保護の観点や，支援機関のサポート支援を受けずに頑張りたいという気持ちなどから，企業と支援機関の連携に抵抗を示す精神障害のある方もいます。その気持ちにも理解を示しながら，安定継続的な就労にむけた効果的な方法として提案し，焦らず意思決定を共有していくことが望ましいでしょう。

Extra

※1　ここでは職業安定所（ハローワーク）や障害者職業センター，就労・生活支援センターなど，障害者の就労支援を行っている施設という意味で使用している。

※2　「責任性の範囲」は業務を一人でやることになったなど，「コミュニケーションの広がり」は他の同僚に確認や報告が必要になったなど，「完成度の抽象性」は“データの入力”などのように，結果に明確な正解があるものではなく，“タオルをたたむ”など人によって結果に幅があるものを意味している。

Question 20

体調の変化への対応，職場でのマネジメント（セルフモニタリング）

体調の把握はどのようにすればいいのでしょうか？

Ａさんは，介護事業を行っている法人で管理者をしています。うつ病と自閉スペクトラム症の診断があるＢさんを障害者求人で採用して２か月がたちます。定時に出勤はしていたのですが，仕事でのミスが目立ち，業務中にイライラして口調がきつくなるなど調子が悪い印象を受けました。そこでまずＢさんと面談を行い，仕事の困りごとなどを聞きました。次に支援機関に連絡して，状況を説明することにしました。また，支援機関からの提案で本人の通院に同行することにしました。

A

☑ うつ病と自閉スペクトラム症

自閉スペクトラム症と診断される方々の職場での不適応は，現在では様々な職場での雇用実践から具体的に確認されてきています。業務遂行上でのつまずきは，決して本人の怠慢ではなく，障害特性と呼ばれる能力の偏りから起こされる，本人の得手・不得手から生じているものがほとんどです。ただ，周囲からは，障害特性がきっかけとして起こっているようには見えづらいために，周囲の理解も得るのが難しく，障害のある方は不適応を起こしやすいと言われています。うつ病においても本事例のＢさんのように，「イライラはうつ病？」と一見思われるかもしれませんが，当初はイライラから始まり，そのストレスが溜まってうつ症状を呈するという流れは決して少なくありません。

☑ 面談を通じた対応―業務の調整と不安定な気分への対応

本事例でも管理者のAさんが個別の面談を設定し，聞き取りを行っています。何か気になる様子があったとしたら，まずは面談形式で聞き取ることはとても効果的だと言えます。Bさんをはじめ，診断がついた方々の多くは，企業に来られるまでの過程で何かしらの対処を身につけている方が多いです。どのようなことで困っているのか，どのような対処をすればいいと思うのか，など尋ねてみるとよいでしょう。また一方で自分の傾向を自覚していても，業務内容に不慣れなために，どのように対応していいかわからないという方もいることでしょう。その場合は，業務遂行のための具体的な助言が必要になると思います。

企業側には，発達障害としての本来の障害特性（本人の得手・不得手）を把握した上で，気分の変動も確認していくことが求められます。実際には気分の変動の確認といっても，日々の声かけにどのように答えてくれるか(「今日の気分はどんなですか？」→「大丈夫です」，「しんどいです」，「まぁまぁです」)，どのような表情か，業務遂行量の変動はどのようなものか，といった点を業務の合間に確認していくと，体調の傾向はほとんどの場合明らかになっていきます。本人の調子に応じて，休憩の頻度を多くすることや，業務内容を調節するなど，採用して２～３か月目あたりまではこまめに行っていくと，より安定した雇用につながると思われます。

☑ 職場への定着を支える手法について―本人と記録をつける

面談とちょっとした場面で，声をかけてさりげなく状況を聞き取ることが有効とお伝えしてきました。しかし，話しかけられると緊張が増してしまうなど，どうしても問いかけに答えづらい，話しづらいという方もいます。そのような方には文字での報告を促すとよいでしょう。現在，精神障害者の職場への定着を目的とした支援ツールの多くは，本人の自記入式になっています。セルフモニタリング（※）というのですが，詳しくは，本稿のExtraを参照ください。発達障害の方の中には，話すことが本来難しいという方もいます。そのような場合にも，特に効果的であると言えるでしょう。

☑ 職場への定着を支える手法について—チームで支える

採用前，採用時，採用後の前後数か月の対応は，その後の職場への定着のためには重要なタイミングであります。本人をはじめ，採用側も不安に感じる場面もあると思います。また，採用後は現場の同僚の方々も対応で不安に感じることがあります。そのような場合，本事例のように支援機関や医療機関との連携はとても重要になります。職場の担当者が支援機関や医療機関と連携を行うときにすることは，まずは本人に「あなたがより安定してこちらで勤務していただくために，あなたを支援している○○へ連絡して，ここでの就労・就職の様子を共有してもいいですか」と確認をとることから始まります。その後，支援機関・医療機関に挨拶をし，連携をしていきたい旨を伝えていきましょう。職場としては，どのような業務遂行を期待しているか，現場で起こっている状況と対応（イライラなどが見られ，面談をしている，など）を伝えるとよいでしょう。先に情報を伝えていくことで，支援機関や医療機関もどのような困りごとがあり，どのような対応をしているかがわかり，該当する必要な情報を伝えやすくなります。連絡をする頻度が多くなる，

図　連携を行うときの情報提供の流れ

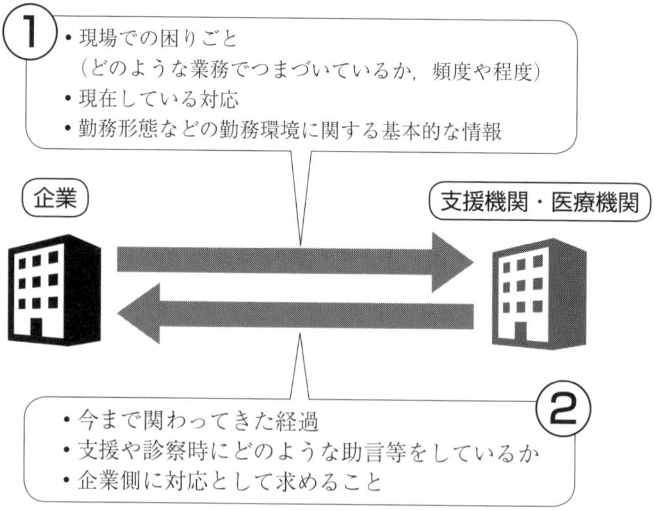

※数字は情報の提供順を表しています。　〈筆者作成〉

当事者が抱えている問題の解消が難しいという状況となれば，障害のある方を外部で支援している関係者と会議を行うこともあります。当事者を取り巻く関係者が一堂に集まり，対応について確認をしていく場を設けるのです。情報の共有と対応の方向性の統一が取れるので有効です。通常支援機関が先導して，場を設けることが多いので，支援機関に依頼してみるとよいでしょう。

支援機関・医療機関は障害のある方の職場外の地域生活をサポートをしているので，職業生活の安定では欠かせない存在です。また，生活が安定することで，より高い生産性が産まれます。このような連携に時間・労力を割くメリットを，ぜひ理解してもらえるとよいと思います。

Extra

※ 本人が自身の体調や思考に関する記録をつけていくことで，本人含め周囲のサポートする者も，本人の傾向を整理することができるものである。また，自身で自分の体調や思考をコントロールする力が向上していくという認知行動療法という心理的な技法の１つである。このような技法を元にしたツールが，この障害者雇用領域でも複数開発されており，SPIS（Supporting People to Improve Stability）もその１つである。Web 上で本人の同意のもとで体調に関する項目に得点をつけたり，日々感じたことなどをコメントし，支援側・企業側がそれを確認していきコメントを返すことで，本人の見守られているという感覚も高まり，職場への定着が増すというものである。効果も確認されつつあり，自治体の雇用促進施策に取り入れられ，本人の状態を「可視化」するということがポイントとなっている。

〈参考文献等〉

- 就業定着支援システム（SPIS）（https://www.spis.jp/）（2020.1.15 アクセス）
- 佐々木和義監修・小関俊祐・石原廣保・池田浩之編著『認知行動療法を生かした発達障害児・者への支援～就学前から就学時，就労まで～』（ジアース教育新社，2016）

第3章

どうする？　合理的配慮

障害者雇用促進法平成25（2013）年改正法により，それまで日本の法律になかった「合理的配慮」の提供が義務づけられましたが，「合理的配慮」とは雇用の実務の中でどのように提供されるものなのでしょうか。精神障害のある方を雇用している企業の実践例をもとに，「合理的配慮」について紹介します。

Question 21

合理的配慮の考え方

合理的配慮とは何でしょうか？

障害者雇用に初めて取り組む社員数 90 人の不動産業を営む企業です。採用時にハローワークから「障害特性に配慮して働きやすい職場環境となるようにしてください。」と言われました。配慮をしようと考えて「何か困ったことはありませんか？」と聞いていますが「ありません。」，「大丈夫です。」という返事です。障害のある社員が何も不都合はないと言っていれば“合理的配慮”は必要ないのでしょうか？

A

☑ 障害者雇用促進法では

障害者雇用における合理的配慮の提供については，障害者雇用促進法に定められています。条文には「合理的配慮」の文言は記されていませんが，募集および採用の段階では，第 36 条の 2 で「障害者からの申出により」障害の特性に配慮した必要な措置を講じなければならない，とされています。職場でのインターンシップ，採用に当たっての面接や試験などの際に，障害のある方からどのような配慮が必要か，申出をもとに配慮の方法を検討して提供する必要がある，ということになります。

また，採用後については，第 36 条の 3 で「障害の特性に配慮した職務の円滑な遂行に必要な施設の整備，援助を行う者の配置その他の必要な措置を講じなければならない」とされています。採用後は，「障害者からの申出がなくても」障害者でない労働者との均等な待遇の確保または障害者である労働者の能力発揮のために，支障となっている事情を改善するために配慮を提供することが求められているのです。したがって，障害のある方が「大丈夫」と回答しても，職務遂行の状況や職場の環境によっては配慮が必要となることもあります。

そして，両条文には「事業主に対して過重な負担を及ぼすこととなるときは，この限りでない」とあります。「過重な負担」の考慮要素として，厚生労働省の合理的配慮提供指針では，(1)事業活動への影響の程度，(2)実現困難度，(3)費用・負担の程度，(4)企業の規模，(5)企業の財務状況，(6)公的支援の有無を提示しています。この６点を勘案しながら，障害のある方と対話する中で，会社の状況も具体的に説明しながら調整し，過重な負担にならない範囲で配慮を提供していくことになります。

☑ 「就労パスポート」などの情報共有ツールを活用する

実際には，配慮を検討しようとしても事例のケースのように，「大丈夫です」と障害のある方が回答するというケースも少なくありません。例えば採用前で，実際の仕事や職場の状況がわからない場合，障害のある方が配慮について具体的に申し出ることは簡単ではありません。採用後であっても，自らの仕事の遂行状況を客観的に把握し，能力発揮の支障となっていることは何か，そのためにどのような配慮を申し出ればよいのか，職場の上司などに理解を引き出せるように伝えるとなると，なかなかにハードルが高いことがわかると思います。特に採用後は，事業主側が障害のある方の働きぶりや職場での様子を丁寧に見守りながら，円滑な職務遂行のために必要となる配慮を障害のある方と対話し調整して提供する必要があるのです。障害のある方に必要な配慮を提供するために，その方の特性を把握し，必要な配慮を検討する際に助けとなる「就労パスポート」などの情報共有ツールが開発されています。

厚生労働省は，令和元年 11 月 15 日に「就労パスポート」と「活用の手引き」，就労機関向けと事業主向けにそれぞれ「活用ガイドライン」を公開しました。筆者は「就労パスポート」作成に向けた厚生労働省の「精神障害者等の就労パスポート作成に関する検討会」の委員の一人でした。「就労パスポート」は厚生労働省のホームページよりダウンロードできます。

「就労パスポート」は，障害のある方と関係者が，インターンシップや採用面接・試験，採用後の職場で障害のある方の特性に合った合理的配慮を提供することを目的に情報共有するためのツールです。これまでの経験や強みを記述する欄，体調管理と希望する働き方について記述する欄，コミュニケーションの特性について記述する欄，作業遂行について具体的に記述する欄が設けられています。主に選択肢をチェックする形式となっている一方で，自由記述もできるようになっています。さらに，障害のある方自身が，上記の項目について自らの日常や仕事経験を振り返り，自分自身で獲得した対処方法を記述する欄が設けられています。

仕事経験や職業準備性を高める訓練の中で気づいた自らの特性と仕事や，人間関係を構築しなければならない場での対処法は，配慮について考える際の貴重な情報となります。障害のある方が自らの経験をどのように捉え向き合ってきたのかについても，情報共有できるのではないでしょうか。事例のようなケースについても，前述の「就労パスポート」など情報共有ツールを活用することで，合理的配慮提供の話合いを円滑に進めることができると思います。現在，情報共有ツールは「就労パスポート」の他，独立行政法人高齢・障害・求職者雇用支援機構障害者職業総合センターや地方自治体をはじめ，多くの支援機関が独自に作成し，運用しています。

ただし，「就労パスポート」作成の主体は，就職や職場で定着しキャリアを形成していく当事者である障害のある方です。そして，採用選考の場において必須提出書類とはされていません。また，どちらの情報共有ツールも個人情報が含まれているため「個人情報の保護に関する法律」に基づく配慮も必要となります。

☑ 定期的な面談と対話のための振り返りツールの活用

先に採用後は障害のある方からの申出がなくても能力発揮の支障となっている事情の改善のために配慮をする必要があるとお伝えしました。障害のある，ないに関係なく，雇用の現場では退職希望の申出は突然あるものです。周囲が気づかないうちに，様々な理由から障害のある方自身が職場に見切りをつけてしまうのです。障害者雇用の現場でもこうした残念な状況を回避したいものです。このためには，日常から働きぶりや職場の状況を丁寧に目配りすることが大切となります。忙しい職場の中でタイミングよく効果的に面談を行うために，日々の業務を振り返るツールがあるとスムーズに面談を行うことができます。

筆者が開発しているツールで「reflection paper」と現在呼んでいるものがあります。企業の多くで使用されているエクセルを用いており，新しいアプリケーションを導入する必要がないことが特徴です。障害のある方が毎日10分程度で入力し，人事担当者などあらかじめ決められたフォロー担当者にメールに添付して送付するだけです。①業務達成度，②コミュニケーション，③環境，④マネジメント，⑤体調の５つの視点の評価項目をそれぞれ５点法で入力し，平均点をグラフ化して日々の変化を見える化し，障害のある方，フォロー担当者相互で現状を振り返ることができます。詳しくは拙書を参照ください。具体的なデータをもとに定期的な面談を行うことで，互いに納得性の高い配慮の提供が可能になると考えています。

〈参考文献等〉

- 眞保智子『改訂版　障害者雇用の実務と就労支援―「合理的配慮」のアプローチ』（日本法令，2019）
- 厚生労働省「就労パスポート」（https://www.mhlw.go.jp/stf/seisakunitsuite/bunya/koyou_roudou/koyou/shougaishakoyou/06d_00003.html）（2020.7.7 アクセス）

Question 22

中小企業の戦力として活躍する精神障害者

中小企業が合理的配慮を行うのは難しくないですか？

当社は，社員 48 名の企業で，障害者雇用は，未経験です。2018 年から法定雇用率の対象となったのを機に，精神障害者の雇用を検討中です。これまで，障害者雇用は，大企業の責務だと考えていました。中小企業は，人員，経営に余裕がないところがほとんどであり，障害者に対して，特別な設備や仕事を提供できる状況ではありません。中小企業で合理的配慮をするのは，難しくないですか？

A

☑ 中小企業は障害者雇用の要

中小企業の事業主の中には，今回の法改正でにわかに障害者雇用率制度の納付金制度の対象となったため，戸惑われている方もあるでしょう。近年の厚生労働省報告によると，障害者の実雇用率は，ほぼ企業規模に伴って大きくなっており，大企業のほうが障害者に配慮しやすいかのように見えます。しかし，大企業の障害者雇用が進んできたのは，政策の成果であって，大企業が中小企業と比べて障害者に配慮しやすいとは限りません。むしろ中小企業は，1970 年代から現在に至るまで障害者雇用の要をなしています。本稿では，この経緯と現状について，データを基にひもといていきます。

☑ 日本の障害者雇用政策

「令和元年障害者雇用状況の集計結果」（厚生労働省，2019）によれば，民間企業における企業規模別の実雇用率は，45.5 ～ 100 人未満規模企業で

1.71％，100～300人未満で1.97％，300～500人未満で1.98％，500～1,000人未満で2.11％，1,000人以上で2.31％であり，民間企業全体の実雇用率2.11％と比較すると，大規模企業の実雇用率が高くなっています。

こうしたデータから，企業規模が大きいほど障害者雇用しやすい環境にあるかのように思われがちです。しかし歴史的にみると，大企業の障害者雇用が進んできたのは，大企業をターゲットにしてきた障害者雇用政策および市民運動の成果にほかなりません（江本，2019）。

日本の障害者雇用政策は，1976年の身体障害者雇用促進法改正によって，大企業をターゲットに，法定雇用率制度，すなわち，従業員数に応じて障害者の雇用義務を課す制度を導入してすすめてきました。大企業を中心にした理由は，制度導入当初，規模の大きい企業ほど雇用率未達成の割合が多かったためです。

法定雇用率制度は，障害者雇用納付金制度で補完されています。障害者雇用納付金制度とは，法定雇用率を満たさない企業に対して，不足障害者数に応じて納付金（障害者雇用納付金）を課す制度です。そして政府は，度重なる法定雇用率の引き上げと指導，法定雇用率未達成企業の企業名公表等を行うことで，雇用される障害者数および障害者雇用率達成割合を増やしてきました（江本，2019）。

☑ 中小企業における障害者雇用の現状

これに対して，中小企業は，1970年代から現在に至るまで，一貫して多くの障害者を雇用しており（手塚，2000），障害者雇用を促進する上で重要な役目を担っています。中小企業庁によれば，日本企業の99.7％は中小企業であり，労働者の70％は，中小企業で働いています。

「平成30年度障害者雇用実態調査結果」によれば，従業員規模5人以上の事業所に雇用されている精神障害者は20万人であり，**図1**のように，そのうちの約86.4％は，従業員規模5～99人の事業所で雇用されています。

さらに，従業員規模5～29人規模の事業所で雇用されている精神障害者は70.5％，発達障害者は58.5％です。これは，同規模に雇用される身体障害者37.0％，知的障害者45.4％よりも多くなっています。

また，中小企業家同友会全国協議会の調査（「中小企業家しんぶん」2017年９月５日号）によれば，障害者雇用経験のある中小企業（過去も含む）は，43.4％です。雇用障害者を障害別にみると，身体障害者が59.8％，知的障害者が40.7％，精神障害者が14.2％，発達障害者が12.3％です。ただし，企業が雇用する障害別の比率は，当時法定雇用率が適用されていた従業員50人以上規模とそれ未満とは異なります。**図２**のように従業員50人未満規

図１　雇用されている精神障害者（事業所規模別）

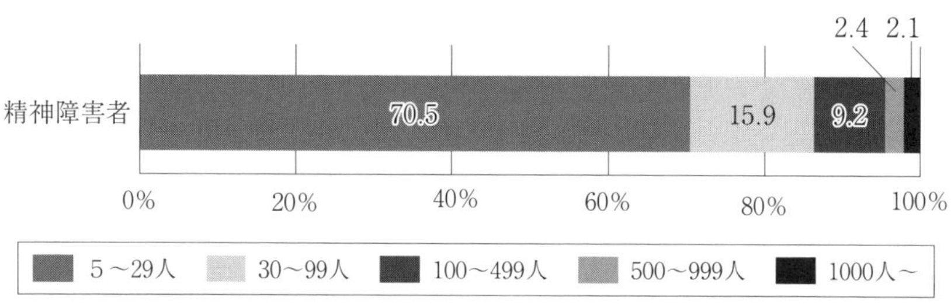

出典：厚生労働省「平成30年度障害者雇用実態調査結果」，2019

図２　雇用中の障害者×４規模分類

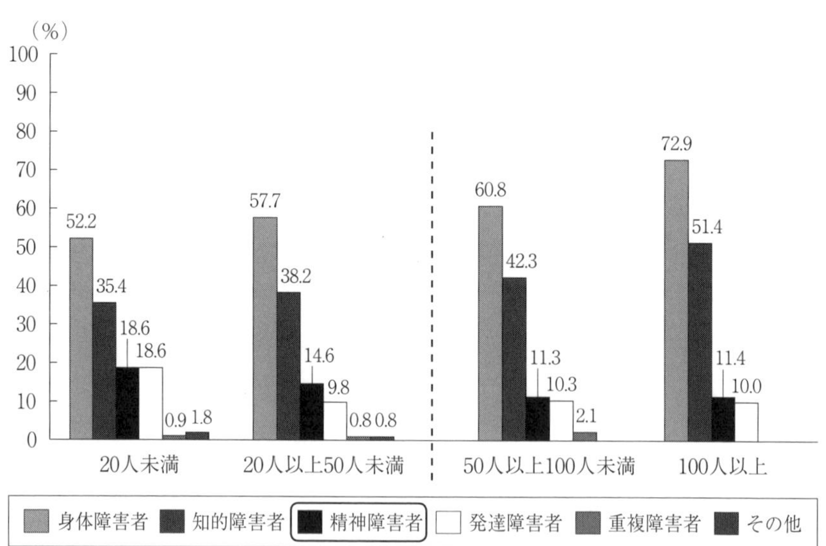

出典：江本，2019

模では，50 人以上規模と比較すると，精神障害者，発達障害者の比率が多くなっており，20 人未満規模では，いずれも 18.6%を占めています。

筆者が中小企業を対象に実施した調査からは，障害者雇用は，当該障害者のみならず，事業主や，障害者とともに働く労働者にとっても，よい結果をもたらし，かつ，安心して働ける職場の実現につながることが明らかになりました。障害者雇用の効用には，以下の３パターンがみられました。

- パターン１：役割分担により，仕事に支障がなくなった場合
- パターン２：障害者への配慮が他の労働者にもよい影響を及ぼす場合
- パターン３：障害者の個性（特性）を活かすことで，仕事の創出や新規事業開拓に結びつく場合

中小企業は，合理的配慮を実施するには，有利な状況であり，また障害者を雇用することで大きな効用があります。

〈参考文献等〉

- 江本純子「システムとしての『職場』における障害者雇用の効用」社会政策８巻３号 92-105 頁（社会政策学会，2017）
- 江本純子「近年の障害者雇用政策が中小企業に及ぼす影響と今後の展望」企業環境研究年報 23 号 35-50 頁（2019）
- 厚生労働省「令和元年障害者雇用状況の集計結果」(2019)（https://www.mhlw.go.jp/content/11704000/000580481.pdf）(2020.7.6 アクセス)
- 厚生労働省「平成 30 年度障害者雇用実態調査結果」(2019)（https://www.mhlw.go.jp/content/11601000/000521376.pdf）(2020.7.6 アクセス)
- 手塚直樹『日本の障害者雇用―その歴史・現状・課題―』（光生館，2000）
- 中小企業家同友会全国協議会「中小企業家しんぶん」2017 年９月５日号（2017）

Question 23-1

合理的配慮の判断基準とユニバーサルデザイン

合理的配慮は「特別扱い」ということですか？

障害者を雇用するためには，法律（※１）によって「合理的配慮」をしなければならないと聞きました。事例集（※２）によれば，障害の種類によってそれぞれの配慮を提供しなければならず，また環境の整備も必要なようです。当社（運輸業・従業員 82 人）でこのたび初めて，発達障害のある社員を採用しましたが，この法律を盾にして，様々な要求をしてきます。その要求に従えば，就業規則も変えなければならず，そもそも施設整備等に掛けられる費用はありません。また，雇用している他の障害のある社員や障害のない社員との「差」も生じてしまいます。合理的配慮とは，そのような「特別扱い」をすることでしょうか？

障害者雇用促進法の趣旨と合理的配慮の判断基準

障害者雇用促進法の趣旨は，「障害者である労働者の有する能力の有効な発揮の支障となつている事情を改善するため」，「障害の特性に配慮した職務の円滑な遂行に必要な施設の整備，援助を行う者の配置その他の必要な措置を講じ」ること（第 36 条の３）であって，障害があることで「特別扱い」をすることではありません。就業規則の変更やその人以外の従業員の労働環境を著しく阻害する場合などは，とても「合理的」とは言えません。合理的配慮への要求は，時に「わがまま」と見分けがつきにくいことがあります。その判断基準は，①当事者から要求があったとき，②事業者の負担が過重でない範囲で，③努力すること（対策を実施すること，ではない）です。内閣府が出している「事例集」には，障害種別および環境整備の事例が豊富に載っており，判断の材料になるかもしれません。どうしても判断に迷うときは，都道府県の労働局などに問い合わせてみてください。

☑ 先入観や一般論にとらわれない

一方，当事者の診断名やプロフィールシートなどをみて，一般的な障害特性やその対処法を参考に，「こうでなければならない」と思い込んでしまったり，腫れ物に触るような過剰な“配慮”をしたりすることによって，逆に本人の自立や周囲とのコミュニケーションの妨げとなっていることはないでしょうか。特に，精神・発達障害の人が「一人でやることが好き／他人とのコミュニケーションが苦手」ということで，１日中パソコンの前に座って誰とも話さなかったり，交流しなかったりするのは，孤立や離職の原因ともなりかねず，本人と会社の双方にとって，好ましくありません。他人と協業することの必要性や本人にとってのメリットなどについてよく話し合った上で，適切な対人関係スキルを身につけさせることも大切です。

☑ 会社貢献・社会貢献で win-win の関係を

障害者雇用の究極の目的はなんでしょうか？　決して，「法定雇用率を遵守する」ことではありません。企業は，それぞれビジネスを成功させる（収益を上げる）という共通の目的をもっており，人財はその経営資源です。障害のある，ないにかかわらず，会社に貢献してもらうのが当然です。ただし，障害者はなんらかの不調を持っており，その人がよりよいパフォーマンスを上げるための工夫が「合理的配慮」といえるのではないでしょうか。障害当事者も，単に居場所を求めているわけではありません。自分の仕事や存在が誰かの役に立っている，会社に，ひいては社会に貢献していると実感することが，仕事に対するモチベーションや，生きる力にもつながります。合理的配慮とは，企業と障害のある社員が win-win の関係を築く触媒のようなものかもしれません。

☑ 採用・配置時に十分な情報交換と合意形成を

合理的配慮に関して，より重要なことは，問題が起きてから応急措置的に対処・対応をするのではなく，問題を未然に防ぐため，採用の段階で，または本人が障害を負ったときに，本人と人事担当者および受入部署の三者で十分に話し合うことです。その際，本人の言い分は漏れなく聞くことが大事です。その上で，会社が考える「合理的配慮」の範囲・理念を伝え，個別の要求に対して，「できること」，「できないこと」，「できない理由または条件（何が整えばできるようになるのか）」，および「できるが，本人のためにはしないほうがいいと会社が考えること」について明確に説明し，本人の理解・納得を得ておくことです。

また，実施しようとしている合理的配慮策が周りの従業員や他の障害のある方にとっては違和感をもたれるかもしれません。その人たちに対しても，その配慮が必要な理由と配慮の範囲などについて，事前にきちんと説明し，合意を形成しておくことが，以後の人間関係や業務をスムーズにするポイントと言えましょう。

Extra

※1　「障害者雇用促進法」（昭和35年法律第123号）第3条，第4条，第36条の2および36条の3を指す。

※2　内閣府障害者施策担当が発行している「障害者差別解消法【合理的配慮の提供等事例集】」（平成29年11月）（https://www8.cao.go.jp/shougai/suishin/jirei/pdf/gouriteki_jirei.pdf）（2020.7.9アクセス）

Question 23-2

合理的配慮の判断基準とユニバーサルデザイン

社員の多様性に対応するには？

当社（食品製造業・従業員210人）はこれまで，知的障害の人たちを中心に採用・雇用してきました。彼らが在籍・卒業した特別支援学校の先生方や，地域の就業・生活支援センターからの指導を受けて，業務説明の際に，「図解する」，「漢字にふりがなをふる」，「ゆっくり話す」などを合理的配慮として実施してきました。このたび，障害者雇用を拡充することになり，異なる障害のある方々の採用を検討することになりました。多様な障害のある社員で構成されている組織においては，どのような合理的配慮を講じていけばよいでしょうか？

☑ 合理的配慮とは，障害の有無によって差別的待遇を受けないこと

障害者雇用における合理的配慮の基本理念は，「経済社会を構成する労働者の一員として，職業生活においてその能力を発揮する機会を与えられる」（障害者雇用促進法第３条）ことであり，すなわち，障害があることによって差別的待遇を受けないことです。上記の事例でいえば，知的障害があることによって業務理解の妨げ（差別）とならないよう，図解等の工夫＝合理的配慮をされているということです。ただし，そのことは障害の種類が異なれば合理的配慮とは言えなくなることがあります。

基本的には，本人の要望や不便を聞き取って，「過重な負担」とならない範囲で対応をするとよいのですが，必ずしも本人がその企業での職業生活上必要十分な配慮事項を，入社の段階から表明できるとは限りません。そのため，入社後にも随時，要配慮事項については聞き取りを続けることが必要です。入社直後に必要だった配慮も，経験とともに不要となる場合もあります。そういったことも含めて，障害者雇用を担当する人は，適切な合理的配慮提供のために，随時声かけや面談を行うなどして，障害があることによる不便や困りごとなどについて，情報収集したり想像を働かせたりすることも必要です。

☑ 障害を体感・シミュレートしてみる

障害を体感またはシミュレートしてみることは，有効な方法の１つと言えます。車いすや視覚障害の方を採用しようとするのであれば，実際に車いすに乗ったり目隠しをして社内を動き回ってみて，「導線確保」とはどういうことかを実感してみる，または，聴覚障害の方を採用しようとするのであれば，聞こえる人同士が筆談だけでどの程度意思疎通ができるか確認してみるのもよいでしょう。精神障害や発達障害の一部について，VR（バーチャルリアリティ）体験する器具（※１）も開発されているようですので，そういったものを活用することもいいかもしれません。

そのような体験を通してみると，

- 【車いす】段差は何cm以上は不可，トイレはどれくらいの広さが必要（快適）か
- 【聴覚障害】会議や説明会では手話通訳は必須
- 【精神・発達障害】症状が出た時の声のかけ方や対処法

などが，実感を伴って考えられるようになるのではないでしょうか。そして，それらが「特別扱い」ではなく，「障害があることによって分け隔てられていること」を解消・改善するために必要・不可欠であることも，当事者の立場にたって理解しやすくなるかもしれません。

☑ 「ユニバーサルデザイン」という考え方

障害者を雇用していなかった部署や会社に，障害のある方が配属されると，その人に対する新たな配慮が「特別扱い」にみえるかもしれませんが，見方を変えて，「ユニバーサルデザイン」（※２）と考えることをお勧めします。

ユニバーサルデザインとは，（障害の有無にかかわらず）「どんな人でも公平に使えること」です。障害による分け隔てをしないという，まさに障害者差別解消法の理念ですね。

Extra

※1　Virtual Reality（VR）技術を活用して，精神疾患や発達障害，認知症やLGBTなどを体験する器具が開発・利用されている。疾患・障害のVR例として以下のようなものがある。

① 一般社団法人発達障害支援アドバイザー協会（https://www.ddsienn.jp/自閉症体験vr/）（2020.7.9アクセス）

② 「VR Angle Shift（株式会社シルバーウッド）」（http://angleshift.jp/）（2020.7.9アクセス）

※2　障害の有無や文化・国籍・性別・年齢などを問わず，誰もが使いやすいような製品・建築などのデザイン（設計思想）のこと（参考：North Carolina State University（https://projects.ncsu.edu/ncsu/design/cud/pubs_p/docs/poster.pdf））（2020.7.9アクセス）

Question 24

合理的配慮─中小企業では

経済状況が厳しい地方の中小企業で精神障害者を雇用するには，どうしたらよいですか？

当社は，地方にある従業員 90 名の企業で，経営が厳しい状況です。会社は，交通の便の悪い地域にあるので，一般の労働者確保にも苦慮しています。障害者雇用は会社の責務と考えますが，この一方で当社は，現在一般の人材確保と安定した経営が先決の状況です。地方の中小企業では，どこも同様の状況と思いますが，このような中，精神障害者を雇用するためのコツがありますか？

A

☑ 障害者は戦力になる

地方では，深刻な労働者不足の企業も少なくありません。こうした企業は，通常の求人にも応募者が少なく，人材確保に苦慮されていることもあるでしょう。中には，大きな仕事の依頼があっても，労働力不足のために受注困難な場合もあるのではないでしょうか。人材不足の状況下では，「まして障害者雇用なんてハードルが高い」と思われるのも無理からぬことです。しかし，労働力不足の状況下にあっても，障害者が戦力になれば，逆に貴社の強みになり得ます。

以下では，地方にある企業特有の課題をうまく克服し，精神障害者を雇用している企業の例として３社を紹介します。

☑ 高齢者が障害者をサポートする仕組み

A社は，運輸業をしており，経営は順調です。しかし，労働条件のいい求人を出しても，応募者がありません。このためせっかく仕事の受注があっても，人材不足のために断ることが多く，困っていました。

A社の定年は，70歳ですが，定年後も働きたいと希望する人も少なくありません。A社としても，人材不足の中，定年後も働いてもらうのは願ってもないことです。この一方で，業務内容は体力勝負ですから，高齢の労働者に対して，若い人と同様の働きを望むことはできません。

このような中でA社は，精神障害者を雇用することにしました。精神障害者は，仕事に慣れるまで一定の支援を必要とする場合が多いです。そこでA社では，高齢者が精神障害者を支援する仕組みをつくりました。仕組みは，以下の２段階からできています。

第１段階として，A社は，高齢者の定年退職後，雇用形態と職種を変えて再雇用しました。再雇用に当たっては，職種をトレーナーに変え，勤務時間等は，個別に相談の上契約しています。第２段階として，高齢者は，トレーナーとして勤務するに当たって，障害者やその支援方法の研修を受けます。その後，トレーナーマニュアルに基づいて精神障害者を支援します。

高齢の労働者は，急な体調不良や，体力等の課題が生じる場合があります。しかしA社の雇用契約は，個々の状況に合わせた契約となっているため，高齢者も助かっています。この仕組みにより，精神障害者は，高齢者から支援を受けることができ，高齢者は，支援という形で豊富な経験を活かすことができ，企業は，人材不足を解消できています。

☑ 医療機関を利用しやすい仕組み

B社は，小売業をしています。B社の立地は，生活には支障がない程度の街中にあります。ただし，地域内に精神科医療機関自体が少なく，夜間対応できる医療機関はありません。そこでB社は，３つの仕組みをつくりました。第１に，不調時も本人のペースで仕事できる仕組み，第２に通院日を確保する仕組み，第３に急な休みでも事業に支障のないようにする仕組みです。

まず，障害者の不調時に備え，労働環境を工夫しました。雇用されている精神障害者の一人は，人の多いところでは集中力が低下する傾向がありました。このため，作業内容を時間帯によって変え，人の少ない時間帯は，商品陳列等の売り場の作業を，人の多い時間帯は，倉庫内の作業等としました。

また，接客が苦手な精神障害者に対しては，接客のない品出し業務に限定して雇用しました。

次に，通院日を確保するため，平日の休暇を増やしました。B社は，小売業のため，土日祝日も営業し，労働者は交代勤務をしています。そこで精神障害者を持つ労働者に対し，本人の了解を得た上で，通院がある週は土日出勤にし，平日を休日にしました。これにより，障害者は，ほかの労働者に気兼ねなく通院することができます。ほかの労働者は，家庭との関連等で土日の休日を希望する人が多いので，感謝されています。

また，急な休みへの対応として，労働者に精神障害に関する研修をした上で，業務全体を見直しました。まず，労働者同士でこまめに声がけをし合って互いの体調把握・管理するとともに，管理者は毎日の仕事の進行状況を把握します。次に，業務を標準化した上で，同一作業を複数人で担当します。これにより急な休みの際も，スタッフ同士が協力し合ってカバーし，作業全体の進行には支障なく仕事を進められるようになっています。

☑ 生活の場との連携

C社は，製造業をしています。経営状況は順調ですが，立地条件が悪く都市部から離れているため，交通の便が悪いです。そこで，慢性的な人材不足が続いていました。そのような折，縁あって，精神障害者を雇用することになり，貴重な人材を得ることができました。

C社は，近隣だけでは人材確保が困難な上，交通事情等により利用できる施設や制度も限られるため，様々な工夫をしました。交通機関が十分でないため，障害者が自宅から通勤しやすいように，最寄り駅からC社まで送迎をしています。

また，障害者が自宅から通勤することが困難なときは，様々な制度を利用しています。生活面でサポートが必要な場合は，グループホームを利用できるよう配慮しています。障害者は，グループホームの利用により，症状の管理や，食事の提供，睡眠時間のチェック，家事等の援助を受けることができ，生活リズムも安定します。特に，終業後や休日も生活を整えることができるので，仕事の集中力も上がります。

一人暮らしの障害者に対しては，必要に応じて，地域活動支援センター等と連携をとっています。もともと家事能力の高い障害者であっても，就職すると仕事との両立が大変で，家事が十分にできないこともあります。この場合，障害福祉サービス事業所がホームヘルプサービスを提供しているので，安心です。さらに，近隣の企業間で連携を取り，ネットワークを築いています。ネットワークを通じ，企業見学の実施や，定期的に集まって研修や情報交換をしているので，困ったときも相談し合えます。

Question 25

短時間労働者への対応例

就業規則はどのようにすればよいでしょうか？

精神障害のある方を初めて雇用する，社員数 200 人ほどの医療資材を扱う企業です。精神障害のある方は，通院時間を確保する，短時間でも働けるような仕組みがあると働きやすいと，支援機関の支援者から助言されました。しかし，当社は所定労働時間 7 時間 30 分でフルタイム働く正社員しかいません。就業規則を変更しなければならないのでしょうか？　また，変更するとしたらどのようなことが必要でしょうか？

A

☑ 多様な働き方に応じた就業規則を

障害者雇用のためだけでなく，多様な働き方ニーズに合った就業規則を整備することが有益だと考えます。これまでの就業規則を改訂してもよいですが，フルタイムで働く期間の定めのある雇用契約の社員や，フルタイムより短時間で働くパートタイム社員など，雇用契約の期間や労働時間に応じた複数の就業規則を準備することをおすすめします。

就業規則は「規則」ですから，本来は，解釈の違いが生じないように定める必要があります。しかし障害者雇用においては，就業規則で定める必要がある始業及び終業の時刻・休憩時間・休日等労働時間に関する事項について，個別に合理的配慮を提供することを視野に入れて定めることを考えなくてはなりません。障害者雇用促進法で提供が義務づけられている合理的配慮について，厚生労働省は，「雇用の分野における障害者と障害者でない者との均等な機会若しくは待遇の確保又は障害者である労働者の有する能力の有効な発揮の支障となっている事情を改善するために事業主が講ずべき措置に関する指針」（以下「合理的配慮指針」）を定めています。合理的配慮指針の「第2　基本的な考え方」の1において，「合理的配慮は，個々の事情を有する障害者と事業主との相互理解の中で提供されるべき性質のものであること。」とされています。したがって，新たに定めるのであれば，個々の事情を勘案できる内容で検討していきます。障害者雇用を念頭に置いた所定労働時間が，事例の7時間30分より短い労働者を対象とした就業規則を考えていきましょう。

a　目的

新たに定める就業規則について，所定労働時間が事例の7時間30分より短い労働者であるパートナー社員を対象とした就業規則であることを目的として示します。

例（目的）
第○条　このパートナー社員就業規則は，会社がパートナー社員の就業について定めたものである。この規則に定めのない事項については，労働基準法その他の法令の定めるところによる。

b　職種の限定

障害者雇用においても，できるだけ幅広い仕事の中から適性に応じた仕事を組み合わせて雇用していくことが求められることから，職種を限定して雇用するというケースは一般的ではないかもしれません。ただし，精神障害のある方の中には，プログラマ，システムエンジニア，翻訳，など職種が就業規則上も限定されていた方が安心感を得られるということはあります。その場合は，具体的には以下のような例示ができます。

例（対象職種）
第○条　会社は，パートナー社員として就業を希望する者から選考し，合格した者を労働契約書において定められた職種に限定してパートナー社員として雇用する。

c　雇用期間

障害者雇用は，障害者雇用促進法に基づく雇用率制度のもとになされていますから，以前筆者が行った調査においても，2000年以前に設立された特例子会社では期間の定めのない雇用契約，いわゆる正社員での雇用が目立ちました。しかし昨今は，雇用開始時点では期間の定めのある雇用契約で雇用を開始するのが主流となりつつあります。雇用期間は，一般的には一律に期間を定めることも多いですが，精神障害のある方の雇用が義務化された現在では，職種やこれまでの仕事経験などを勘案して，雇用期間についても個別に定める文言としてもよいでしょう。その場合でも，社内の等級制度などで一定の基準の下に決めることが望ましいと考えます。

例（雇用期間）

第○条　雇用期間は雇用時に締結する労働契約書で定める。1回の雇用契約期間についてはパートナー社員職能資格制度に基づくものとする。

d　雇用契約の更新

期間の定めのある労働契約を締結して雇用する従業員について，労働基準法第15条第1項で，契約更新の有無と契約更新がある場合には更新するか否かの判断基準を明示することが義務付けられていますので，その点について記載しておく必要があります。

例（雇用契約の更新）

第○条　パートナー社員の対象者もしくは会社が，雇用期間満了の日の1か月前までに新規雇用契約を願い出て，互いに認めたときは，契約期間の更新をすることがある。更新する場合の判断の基準は，以下の事項とする。

①契約期間満了時の会社の業務量により判断する。

②当該パートナー社員の勤務成績，態度により判断する。

③当該パートナー社員の能力により判断する。

④会社の経営状況により判断する。

⑤従事している業務の進捗状況により判断する。

e　勤務日および勤務時間・休憩時間・始終業時刻

精神障害のある方が安定して働き続けるために，労働時間，休憩時間などを柔軟に設定できるような記載が望ましいと考えます。

例１（勤務日および勤務時間・休憩時間・始終業時刻）
第○条　勤務日および勤務時間・休憩時間・始終業時刻については労働契約において定める。

例２
第○条　所定労働時間は，原則として１日実働８時間以内，労働日数は週２日～５日，週所定労働時間は12時間以上35時間以内とし，雇用契約締結時に個々に定める。

☑ 特別休暇で働きやすさをアピールする

一歩進んだ特別休暇で働きやすさをアピールし，自社の仕事に合致した優秀な人材を採用する方針を表明する方法もあります。例えば，有給の通院休暇や海外では一般的な疾病休暇です。

例（私傷病休暇）
第○条　パートナー社員が私傷病により療養を要する場合，以下の項目で定める私傷病休暇を取得することができる。
①年間４日を限度とし，１日単位で取得することができる。ただし，当該年度10月１日以降入社した者は２日を限度とする。
②私傷病休暇を取得する場合は，事前に所属長に届け出ることとする。ただし，やむを得ない状況事前に承認が取れない場合はその旨連絡し，出勤後ただちに所属長に届け出るものとする。
③連続して３日以上の私傷病休暇を取得した場合は，医師の診断書を会社に届け出ることとする。ただし，当該日数に満たない場合であっても，会社が必要と認めたときは，医師の診断書の提出を求めることができるものとする。

地域経済を担う企業として欠員が出た場合，地元の高校の新卒に一から業務を教える，結局その方が定着すると考えているから短時間で働く社員を雇用した経験がない，という話をうかがうことは少なくありません。確かにその通りだと思います。一方で，少子化は一層進んでいます。厚生労働省の

2019年人口動態統計の年間推計では，日本人の国内出生数は86万4千人です。1899年の統計開始以来，初めて90万人を下回りました。今後ますます人手不足となり，地域経済を支えてきた優良中小企業でも，高卒の新卒が採用しづらくなるかもしれません。子育て中の方や，介護をしながら働く方，高齢者，外国人，障害のある方など様々な背景のある人材の活躍が期待される社会に，企業としても対応していくことが求められそうです。

〈参考文献等〉

- 厚生労働省「令和元年（2019）人口動態統計の年間推計」（https://www.mhlw.go.jp/toukei/saikin/hw/jinkou/suikei19/index.html）（2020.7.7 アクセス）

Question 26

企業内での相談支援体制の構築

「もう辞めたいです」と突然言われてしまいました。企業としてどのように対応すればよかったのでしょうか？

社員から突然“辞めたい”と申出がありました。職場での困りごとや仕事で分からないことがあったときに，周囲の人たちが忙しそうで誰に相談したらよいのか迷っているうちにミスを重ねてしまい，思い詰めてしまっていたようです。当社としては配慮しているつもりでしたし，何も相談がないので順調にやっているのだろうと思っていました。企業としてどのように対応すればよかったのでしょうか？

A

☑ 早めに相談しやすい環境づくり

改正障害者雇用促進法の合理的配慮指針では，相談に応じ，適切に対応するために相談窓口の設置など必要な相談体制の整備を義務付けています。相談に対応する部署や担当者を定め，相談に対し，その内容や相談者の状況に応じ適切に対応できるよう必要な措置を講ずることとしています。

☑ 個々に違う障害特性を理解する

“誰に話したらいいのだろう”，“こんなこと話していいのだろうか”と，つい抱えてしまう障害特性がある方もいます。相談窓口を設置するだけではなく，個人によって違う障害特性について，担当者は事前に本人や支援者から必要な支援について把握しておくことが大切です。

配慮のポイントは，日頃から些細な会話や業務のやりとりから見えてくることもあります。話すタイミングや話しやすさも必要な整備の１つです。

“気持ち”は言葉にしてみないと自分自身でも分からないものです。大事な用件がないときに話をするのは，無駄な時間を使わせていると感じてしまいますが，普段の何気ないやりとりがあるからこそ，必要なときにためらわないで話すことにつながります。

☑ 企業内の相談体制

社内にメンタルヘルス等の相談窓口を設置し，精神保健福祉士や臨床心理士といった専門職を雇用している場合もあります。また，５人以上の障害のある社員が働いている事業所では，障害者職業生活相談員（※）を選任することが義務付けられています。

障害者雇用では，働きやすい環境を整備しながら職場定着を目指していきます。目には見えにくい障害特性を理解し，配慮のある関わり方や仕事の進め方といった社内のサポート体制を構築するためには，専任の社員を設置し継続的な関わりが大切です。

☑ “辞めたい”と急な相談を受けたら

Ａさん「自分にはできません。もう辞めたいです。」

Ｂ課長「話してくれてありがとう。どうしてそう感じてしまったのか，どうか今の気持ちを聞かせてください。」

Ａさん「焦ってしまい，何回もミスしてしまいました。自分も頑張ろうと努力しました。けど，きっと周りから迷惑だと思われています。」

Ｂ課長「頑張ってなんとかやってみようと努力されていたのですね。それでも上手くいかず，迷惑と思われているんじゃないかと，辞めたいほど辛くなってしまったんですね。」

Ｂ課長「“手伝ってください”とか“どうしたらいいんですか”と助けを求めてみませんか。」

Ａさん「いえ，皆さん忙しそうですし，こんなことで手を煩わせてしまってはいけないと思って……言えません。」

Ｂ課長「忙しそうな雰囲気ですとその場では言い出しづらいですよね。よろしければ，私から現場の担当者に事情を説明し，手順を改めて教えてもらい，適宜様子を見てもらうようお願いしてもいいですか。そうしたら，また頑張ろうと思っていただけますか。」

社員が悩みごとの相談に来たときにできることは，なぜそのような気持ちになってしまったのかと悩みの種を聴くことです。その方法として，管理監督者教育の中に積極的傾聴法を取り入れている企業が増えています。

“そんなことない”，“誰にでもよくある”と，話の焦点をずらさず，あなたはそう感じたんですねと，その人の想いを受け止めることが理解の第一歩です。

辛くなり追い込まれてしまった結果，「もう辞めるしかないんだ」と結論を出さざるを得ない状況になると，一人ではどう続けるかと前向きな考えを持てなくなります。丁寧に気持ちを受け止め，話を聞く姿勢を持つことで，辞めたい気持ちに至ったプロセスを整理することができます。また，言葉に寄り添うことで業務改善のポイントが見え，相談者も何かあればまた相談しようと思えます。

こうした対話を続けていくことで障害のある，なしにかかわらず風通しのよい働きやすい職場環境をつくり，障害のある方の職場定着につながります。

Extra

※　５人以上の障害のある社員が働いている事業所では，障害者職業生活相談員を選任し，職業生活全般における相談・指導を行うよう義務付けられている。主な業務は，障害のある社員の職務内容の選定や職務能力の向上，職場の環境整備，人間関係や職場のルールの指導，健康の維持管理，余暇活動のサポートなどを行う。企業の立場として働く障害のある社員の職業生活を支える。

Question 27

職場環境からの刺激に対する合理的配慮実施例

体力がなく，疲れが出やすい様子です。

障害者雇用枠で事務職として再就職した 30 代の男性の事例です。

前職で体調を崩し休職を経た後退職し，精神障害者保健福祉手帳を取得しました。労務管理上は問題なく，適切に休憩をとっていますが，毎日疲れている様子で改善されません。業務は入力を中心とした事務作業で，それほど体力を使うことはないのですが，本人からは疲労が取れないとの訴えがあり，上司もどの程度の仕事なら任せられるのか加減がわからずにいます。労働時間の短縮も提案しましたが，本人からは正社員でなくなること，収入減になることなどから希望しないとの返答があり，今後どのように対応すればよいか思案しています。

A

☑ 「疲れ」の要因はどこにあるか

私たちは一般的に疲れの原因は，体力のなさや精神的負荷によるものからくると考えます。本ケースは，そのどちらにも当たらない（と思われる）のに，本人は常に疲れが抜けず，周囲もそれをどのように気遣うべきかわからない，といった状況のようです。もしかしたら，これまで「大変なことがあったら手伝いますので言ってくださいね」，「休日しっかり休むことも仕事のうちですよ」など，声かけやアドバイスをされてきたかもしれません。しかし，気にかけてきた同僚も，状況が改善しなければ釈然としない気持ちになるでしょう。いったいこの疲れの要因はどこにあるのでしょうか。

精神障害のある方は周囲には些細ととれることでも，気持ちの疲れにつながることがあります。例えば，同僚の話し声や視線が常に自分に向けられているようで落ち着かない，壁やコピー用紙の白さが明るく光って見えて神経を使う，などです。一般的にはごく当たり前の場面であり，それが疲れを引き起こすような要因になるとは気づきにくいものですが，これら「刺激」に常にさらされていると考えれば，緊張状態が続いて体の不調に現れるということも理解できます。これにプラスして，この自分の体の不調を周囲にうまく伝えられないことも，大きなストレスになります。緊張とストレス状態が続けばそれだけ疲労はたまり，後の休職や退職のリスクは高まっていきます。

厚生労働省職業安定局が2017年9月発表した「障害者雇用の現状等」より，「障害者の継続雇用の課題となり得る要因［離職の理由（個人的理由）］」を見てみましょう（**図**）。精神障害者の30%近くが「疲れやすく体力意欲が続かなかった」を離職理由に挙げています。上記のようなことが，多くの会

図 障害者の継続雇用の課題となり得る要因［離職の理由（個人的理由）］

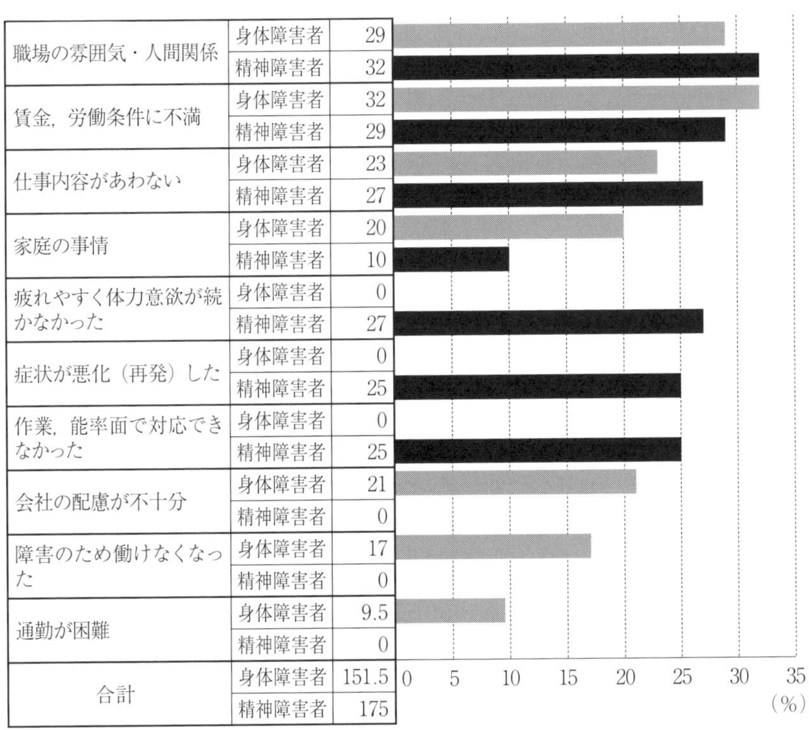

理由	区分	%
職場の雰囲気・人間関係	身体障害者	29
	精神障害者	32
賃金，労働条件に不満	身体障害者	32
	精神障害者	29
仕事内容があわない	身体障害者	23
	精神障害者	27
家庭の事情	身体障害者	20
	精神障害者	10
疲れやすく体力意欲が続かなかった	身体障害者	0
	精神障害者	27
症状が悪化（再発）した	身体障害者	0
	精神障害者	25
作業，能率面で対応できなかった	身体障害者	0
	精神障害者	25
会社の配慮が不十分	身体障害者	21
	精神障害者	0
障害のため働けなくなった	身体障害者	17
	精神障害者	0
通勤が困難	身体障害者	9.5
	精神障害者	0
合計	身体障害者	151.5
	精神障害者	175

出典：厚生労働省職業安定局，2017

社で起こっているということがデータに表れていると言えるのではないでしょうか。

☑「職場の刺激」への対策

刺激から疲れをきたさないためにはどのような対策があるでしょう。まずは，現在の職場にある，様々な刺激から守る方法を考えてみます。社内には，体を休めるだけでなく，“安心できる”休憩場所を設けていますでしょうか。安心できる場所とは，つまり，周囲の雑多な音や視線を気にすることなく居られるところです。刺激となり得るそれらを一時遮断できれば，気持ちを休めることができます。例えば，カフェスペースなど，広くみんなが利用する場所以外に，一人になれる部屋，またはパーティションを使って一人の空間を作ることは可能でしょうか。スペースの問題などでこれらのような対応が難しい場合は，イスの設置場所を変えることで，座席からの目線を外部に向ける，また，休憩時間をメインの時間（12:00-13:00）からずらし，共有スペースを人の少ない時間帯で利用する，ということも効果的です。

昼休憩など自席で落ち着きたい，ということもあるかもしれません。業務によりますが，使用するPCのタイプをデスクトップにするだけでもだいぶ視界をさえぎることができます。PC本体や大きな画面は，業務ツールでもあり，また，職場の環境に馴染んだパーティションにもなり得るわけです。

また，オフィスでよく使われる壁紙や用紙の白色が強い光と感じ，眼精疲労や頭痛になりやすいということもあります。なるべくやさしく光を取り入れられるよう，自席については，①太陽光の当たる窓際を避ける，②席上の蛍光灯を1本外す，③PC画面の明るさを調整する，などしてみます。特に，蛍光灯は光のちらつきが気になっていることもあるため，LED照明など含め検討することも大切です。

その他，耳からの刺激，聴覚過敏の方への対応では，会議室や面談などに利用する部屋の時計をアナログ時計からデジタル時計に変更したことで，秒針の音がなくなり，視覚的にも時間がわかりやすくなって，余計な神経を使わず話に集中できるようになった，という話もありました。「合理的配慮」と聞くと，どこか難しく身構えてしまうところがあるかもしれませんが，これらケースのように，お金をかけずに見方を変え，ちょっとした変更で対応できることが実は多くあるものです。

☑ 疲労を生みにくくする「合理的配慮」

精神障害のある方が仕事に取り組む中で，何かいつも不安で神経を張り詰めている方も少なくありません。これまでの職場や人間関係で自信を失い，自己肯定感が保てないことで，時に業務のいちいちを確認せずにいられなかったり，逆に周囲へ質問など声をかけることを躊躇したり，その結果，問題解決ができず仕事が進まないことでますます自信がなくなる悪循環に陥ることも珍しくはありません。

安心して周囲にヘルプが出せること，それが緊張からくる疲労を防ぐことにつながります。日頃から良好な関係性を作っておくことは理想的ではありますが，例えば，対面を避けコミュニケーションツールとしてメールをうまく利用する，仕事の進捗管理は共有ファイルで常に最新を確認ができるようにしておく，という方法も有効でしょう。

本人も疲労の根源がどこにあるのか，わからないでいることもあります。まずは，よく本人の話を聞き，現状を把握，理解した上で一緒に対応することが最も大切なことだと私は考えます。ともに仕事をする中で，その方の疲れのサイン（ミスが増える，声かけへの反応が遅くなる等）を知っておけば，早めの対応をとることもできます。障害のある方への対応が，実は職場全体の働きやすさにつながったということもよく聞きます。配慮は特定の人のためだけではないということが，企業での実践の蓄積により広がることを願ってやみません。

〈参考文献等〉

- 厚生労働省職業安定局「障害者雇用の現状等」(2017)（https://www.mhlw.go.jp/file/05-Shingikai-11601000-Shokugyouanteikyoku-Soumuka/0000178930.pdf）(2020.7.7 アクセス)

Question 28

アフターファイブの支援は

生活面での課題への対応はどうしたらよいでしょうか？

障害者雇用を行うに当たり，面接会や企業説明会に参加しながら採用を進めています。最近では就労移行支援事業所からのエントリーも多く，支援員の方からも応募者の日頃の訓練状況についてうかがえる機会が増えました。職場でどのような配慮が必要か，どのように力を生かしていただくかをイメージをすることができ，大変参考になっています。

雇用後も，本人在住地域の支援機関と連携をとるようアドバイスがありました。これまで就労支援機関との関わりはあまりなく，どのような場面でサポートを受けるとよいのか今ひとつ分かりません。本人だけでなく，企業も支援機関とつながっておくべきでしょうか？

A

☑ 支援機関の種類とサポート内容

一般に，就職した後に何か困ったことが起きても，社員が社外のサポートを受ける機会はなかなかありませんが，障害者雇用の場合，安定して継続就業できるよう，支援機関によって様々なサポートを受けることができます。

次頁の**図**「就職活動・雇用前・定着支援で関わる支援機関」を見てみましょう。どんな支援機関があり，そこではどのようなサポートを受けることができるのかが，（一部ではありますが）分かります。

サポートは，本人がこれら支援機関に登録することで，必要に応じて受けることができます。登録のための初回面談は予約に1か月程度かかるため，就労移行支援事業所などでは余裕をもって就職前に登録しておくよう勧めて

図 就職活動・雇用前・定着支援で関わる支援機関

	支援メニュー	相談窓口・支援機関
職場に適応できるか不安なので，専門的な支援を受けながら就労したい。 仕事や職場でのコミュニケーションがうまくいかないので，ジョブコーチの支援を受けたい。	**職場適応援助者（ジョブコーチ）支援事業** 事業所にジョブコーチを派遣し，障害のある方や事業主に対して，雇用の前後を通じて障害特性を踏まえた直接的，専門的な援助を実施します（ジョブコーチは，地域障害者職業センターのほかに，都道府県労働局の認定を受けた社会福祉法人等にも配置されています）。	地域障害者職業センター 社会福祉法人等
在職中に受障し障害者となったが，この職場で働き続けたい。	**継続雇用の支援** 在職中に障害を受障した方が慣れた職場での雇用を継続できるよう，種々の支援策を活用し，また，地域の関係機関と連携して，障害者と事業主に対する支援を行います。	ハローワーク（公共職業安定所）
職場での様々な悩みについて相談したい。 職場での生活だけでなく，日常生活面での相談をしたい。	**就業面と生活面の一体的な支援** 日常生活等に関する助言や就業に関する相談，支援担当者による職場訪問により，就業と生活の両面にわたる一体的な相談・支援を行います。	障害者就業・生活支援センター（ナカポツ・シュウポツ）
就労移行支援事業所等を利用し企業に就職したが，就職後も継続的に，生活面・就業面の相談がしたい。	**就労定着支援事業** 就労定着支援員が，企業・自宅等へ訪問するほか，障害者が就労定着支援事業所に来所することより，定期的に面談を行い，就労継続を図るための生活リズム，家計や体調の管理，正確な作業遂行等に関する助言，支援等を行います。	就労定着支援事業所
うつ病等により休職しているが，もとの職場へ復帰するために，専門的な支援を受けたい。	**精神障害者の職場復帰支援（リワーク支援）** 主治医等との連携の下，職場復帰に向けたコーディネート，生活リズムの立て直し，リハビリ出勤による復職前のウォーミングアップ，職場の受入体制の整備等の支援を行います。	地域障害者職業センター

〈筆者作成〉

いるようです。就職後しばらくは環境や生活リズムが変わることにより，不安や困りごとが起こりがちです。事前に相談できる機関を確保しておくことは本人のためだけでなく，企業にとっても大きなメリットです。採用時にはぜひ確認してみてください。

☑ 生活面の課題がミス頻発につながる～支援機関の対応事例

職場で「最近ミスが増えた」，「勤怠が乱れてきた」等，業務遂行に問題が生じた場合，原因は様々考えられますが，それらの要因が日常生活の中にあると，会社として解決に踏み込むことはなかなか困難です。

ここで，Ａさんの事例をご紹介しましょう。入社後半年間，真面目で無遅刻無欠勤だったＡさんが，ある時から遅刻が増え，業務時間中のあくびや転寝などが頻発。それに伴って業務のミスも増えました。誰の目からも睡眠不足であることは明らかで，周囲が声がけをしたり，上司が月１回の定期面談にプラスして話を聞く場を作っても，核心である「ミスが起こる背景」については話をせず，謝罪を繰り返すばかりでした。状況がわからないまま，ついには欠勤も出るようになったため，対応に窮した上司は人事に相談。本人が体調を崩し，受障した頃から利用しているという在住地域の障害者就業・生活支援センター（以下ナカポツセンター）に連絡を取り，このいきさつを伝えたところ，担当者から本人と話がしたいとの申出がありました。

Ａさんは時々ナカポツセンターのイベントに顔を出しており，その際近況報告もしていたそうですが，会社側はそういったつながりがあったことを把握していませんでした。後日，ナカポツセンターからの連絡によると，お金の遣い方を巡って家族とトラブルになっており（趣味・嗜好品を購入し，携帯料金や駐輪場代などの使用料が払えない），この数か月は顔を合わせないよう，皆が寝静まった頃を見計らって帰宅，朝も早々に家を出る生活を続け，十分な睡眠時間を確保できずにいました。就職により定期収入を得ることで，金銭管理の問題が表出したようです。支援機関が中立的立場で問題を吸い上げたことで，ミスの頻発の陰に，金銭管理の苦手さと家族関係の悪化という２つの問題が隠れていたことがわかりました。

Ａさんは，自分の意見を伝えたり他人へ声がけをするなど，「発信」が苦手で，職場でもたびたび「ほうれんそう（報告・連絡・相談）」が遅れて指摘を受けていました。今回もこの状態はよくないとわかっていても，叱られるのではないかと思うと相談できなかったと打ち明けています。定期面談でも「何でも相談してください」という言葉に，自分の心配ごとはこの場の“相談”に値するものなのか，いつも迷っては話ができず，モヤモヤが抜けなかったそうです。

ナカポツセンターでは，これまでＡさんの持つ不安を１つ１つ受け止め解決することで，現在のような信頼関係を結んできたことでしょう。雇用側はこういった関係性が築けている方については，ナカポツセンターからの橋渡しを得て，短い時間で信頼の輪に入ることができる利点があります。

本件はこれ以降，生活面をナカポツセンターが対応してくれることになりました。企業とも情報交換を行うことで，業務上の問題も収まってきました。家族対応も絡めた厚みのある事例といえるのではないでしょうか。

☑ 社外のマンパワーを活用する

障害者雇用は，法定雇用率の上昇により，今後ますます進んでいきます。企業は採用面接や実習を行っても，家庭や職場外のことは本人からの申出がない限り，推し量ることは難しいものです。

「前日家族とケンカした」，「昨夜はよく眠れなかった」という事柄が，本人にとってはこちらが思う以上に大きな問題として心に引っ掛かり，業務に影響を及ぼしてしまうことはよくあることです。原因が家庭内にあることが分かっても，企業が家庭内の問題に踏み込むことは，社会的役割の違いによっても望ましくはないと思います。よって，対応の住み分けができる支援機関との連携は非常に有益であると考えます。

しかしここでは，「家庭や職場外の事柄は全て支援機関にお任せしましょう」と言いたいのではありません。職場は日々の行動に触れる時間が長いので，先の事例でいうならば，気になるお金の使い方（人におごる・飲食や買い物の頻度が高い等）に気づきやすい環境であるとも言えます。日頃の様子で気になることがあれば，生活面をサポートする支援機関につなぐ体制ができると，問題が小さなうちに何らかの対処ができるでしょう。企業が支援機関と良好な関係を築けると，その後の採用者についても，本人の了承があれば，その人がどんな課題や行動傾向があるのか把握する機会を得やすく，事前に働きやすい環境を準備できる余裕も生まれます。

最後に，家族が本人に一番近い，有力な支援者であることも忘れてはいけません。家族も参加できるイベントを定期的に開催し，楽しみながら日頃の情報交換をしている企業もあります。余暇の時間をともにすることで，普段見られなかった様子をうかがえ，その後の職場の人間関係にもよい影響が出ていると聞いています。本人にとって，自分を支えてくれる人が近くに複数いることは，後の人生においても心強く，安心できることでしょう。障害者の「働く」を支えるのは一点ではないことを本人のみならず，雇用側もよく心得ておくことが無理のない継続就業につながることでしょう。

Question 29

コミュニケーションツールの活用

いつも人間関係で疲れてしまい仕事が上手くいきません。上手くつきあっていきたいと思ってはいるのですが，と相談がきました。

当社の障害のある社員から，同僚が自分や周りの人をどのように見ているのか，気になって疲れてしまうので人間関係が煩わしく一人で働きたいと相談されました。配慮をしたいですが，スペースは余裕がなく，また全くコミュニケーションをとらない仕事もありません。当社では雇用は難しいでしょうか？

A

☑ まずはじっくり話を聞いて

精神障害のある方から，人間関係が煩わしい，苦手という相談があって配慮を希望されることは珍しいことではありません。情報化の進展や個人主義が進んでいる現代社会では，障害のある，なしにかかわらず多くの人が職場での人間関係で多かれ少なかれ悩んでいるのではないでしょうか。ましてや，労働時間や休憩時間，仕事の教え方などで配慮されている精神障害のある方の中には，そのことに負い目を感じることから始まって，「迷惑をかけているのでは？」，「嫌われているのでは？」，「自分はここにいて本当によいのか？」など一人で悩んで自分を自分で追い込んでしまうケースは少なくありません。

まずは，気になってしまったきっかけはあるのか，どのようにしたら少しその気持ちが落ち着くのか，などについてじっくりと話を聞くことが配慮への第一歩となります。

☑「きっかけ」から考える仕組みづくり

周囲が自分に対してどのように感じているのか，職場の人間関係の雰囲気に関して気になり始めたことについて，特にきっかけとなる事象がないこともあります。しかし，精神障害のある方が話しかけたときの同僚の対応や，業務に関わる事象に対する精神障害のある方の認識など，何らかの「きっかけ」のようなことが，事例にあるような疲れの原因としてある場合もあります。

この事例では面談の中できっかけとなる状況が明らかになり，その状況を改善するためにコミュニケーションツールを工夫することで配慮を提供することとしました。面談で明らかになったきっかけは以下のような内容でした。

この方の仕事は営業管理に関わるデータ処理ですが，通常行っている一般的な営業所の処理は慣れてきました。一方，頻度は多くないのですが，特定

図 コミュニケーションツール

年　月　日　時

★　さんから　:　に電話がありました。

□ 先方から再度電話があります。
□ 折り返し電話をお願いします。
□ 伝言

★　さんから　:　に伝言がありました。
伝言

★ 下記について教えてください。

★ 下記について困っています。

○○○○より

の営業所はその営業所固有の処理方法をする必要があるため，そうした営業所の処理を行う際にはその都度，仕事を習っている同僚に質問をしていました。しかし，同僚が忙しい中で自分が質問することが次第に苦痛になり，自己判断で処理したところ，それがミスとなり上司から注意を受けました。反省をしたのですが，これまで処理したことのない営業所の案件があっても，同じように質問ができずミスを繰り返したことが周囲の目を気にし始めたきっかけだったとのことでした。

面談の中で，「同僚が忙しいときに質問を遠慮してしまう」ことがミスにつながっていることを共有することができました。そこで，**図**のようなコミュニケーションツールを作成し，質問する必要があるときは，同僚の机のボードにコミュニケーションツールを貼ることにしました。それを見てすぐに回答できるときは回答しますが，手が離せない場合もあります。そうしたときに仕事が止まり戸惑わないように，回答するまでの間に別の仕事を先にするなど，仕事の順番や組み換えなどを指示するように取り決めました。これ以降はミスがなくなって仕事に自信が持てるようになり，疲れについての申出が減りました。

☑ できる範囲の物理的な配慮も

人目が気になる，人間関係が煩わしいという相談への配慮が，「個室で仕事をすること」や「パーテーションで仕切りをすること」では必ずしもないかもしれないことが理解いただけたのではないでしょうか。一方で，精神障害のある方の状況によっては，物理的な配慮が第一になるケースもあります。その場合は障害のある方が，どうしたら落ち着いて業務に集中できるのか，その方法を精神障害のある方とともに考える中で，会社として現実的にできる物理的な配慮について刷り合わせを行いながら，環境を整えます。「一人で働きたい」＝個室・パーテーション→当社では難しい，と考える前に，できる範囲での物理的配慮を考えます。また，それがなぜ「できる範囲」なのか，会社の実情についても説明します。そして例えば，会社にすでにあるホワイトボードやキャビネットでちょっとした目隠しをして落ち着いて仕事ができる環境を工夫してみてはいかがでしょうか。

忙しい業務をこなしながら面談の時間を取ることを，負担と考える傾向もあるでしょう。面談を通じて精神障害のある方の不安を受け止め，ほんの少しでも環境を変える行動を起こすこと，こうしたことが信頼関係を築き，職場と障害のある方が「ともに」新しい職場環境に適応していく，誰もが安心して働き続けることができる風通しのよい職場づくりにつながります。

Question 30-1

合理的配慮視点でのマネジメント—過集中への対応

集中力に問題はないですか？

このたび初めて，精神障害の方と発達障害の方を採用することになりました。紹介していただいた支援機関によると，「集中力や持続力に課題がある」とのことです。当事業所（化学メーカー・従業員163人）における顧客は，一般企業であるため，業務の品質や納期が厳しく，そのような仕事を担当させてよいか迷っています。とはいえ，人数に余裕があるわけでもないので，部分的にでも担ってもらう必要もあります。集中力・持続力に課題のある人に対する適切な指導の方法を教えてください。

先入観を持たず，本人の自己理解・自己管理を促進

「集中力・持続力に課題がある」というのは，精神障害・発達障害のある方のプロフィールとしてよく聞く話です。たしかに，そういった傾向を持つ方はいますが，業務に支障が生じるかどうかは程度問題ですし，適切な対処・対応によって改善・解決することも少なくありません。先入観や思いこみをもとに役割や担当を決めてしまうと，その人が持つポテンシャルを狭めてしまいかねないのでお勧めできません。

対処・対応の第一は，本人による「自己理解・自己管理（セルフコントロール・セルフマネジメント）」が挙げられます。長期的な勤続のためにも，自分自身の特性や特徴を理解し，業務推進上不都合とならないよう適切に対応するスキルは，ぜひ身につけてもらいましょう。また，上司や同僚に理解してもらったり協力を得たりするために，ものごとを的確に伝えることができるようになることも重要であり，有益です。具体的には，業務に携わりながら，自分の集中力・持続力に問題が生じたときは，上司に申告してもらいます。終業後に上司に時間をとってもらってゆっくり相談することもいいでしょう。そして，上司とともに，その原因・背景を研究し，その対策を講じます。場合によっては，「少し席を外して気分転換する」よう，自己申告または上司がアドバイスするかもしれませんし，別の場合は，「上司が他の仕事を指示する」かもしれません。本人の特性はもとより，症状の出方や会社の環境によって対処・対応は異なります。

☑ 「過集中」にも要注意

「過集中」（※）にも注意が必要です。周りの声も聞こえないほどに集中しすぎて，仕事は一時的に捗るかもしれませんが，エネルギー切れになって極端に気力や生産力が落ちることがあります。この傾向を持っている人は，これまでの経験から，比較的過集中について自覚がある場合もあります。本人との面談によって，これまでどのような環境下でそうなったのか，その頻度や程度は，など，しっかり共有しましょう。また上司は，日常的な観察を通して，過集中に陥ったときの特徴（言動や顔つき等）を把握することに努めましょう。そして，過集中になったとき（できれば，なりそうなとき），適宜，声かけしたり，意図的に業務負荷を下げたりすることで，必要以上のヒートアップを防ぐことができます。

☑ 人財育成の基本的な考え方は障害のない人と同じ

納期について，上司が「精神障害・発達障害の人たちはプレッシャーに弱い」との思い込みから，納期に余裕のある（期限がない）業務ばかり受注していないでしょうか。実際，入社間もない頃は，納期の厳しいものに対して，緊張・委縮が見られる場合がありますが，経験を積むにしたがって，スキルやスピードは上がっていきますし，ストレス耐性も徐々についていきます。その状態を見極めた上で，少しずつ期限を縮めていき，いずれ顧客が求める納期が難なくクリアできるようにしていきましょう。具体的には，人財育成の過程で，本人と上司が中長期の目標を共有し，業務においては，「リスク管理を十分行いつつ，現在の仕事より少し難しい仕事を与える」ことを続けていくことで，無理なく成長＝中長期の目標達成とするよう，計画・実行することをお勧めします。基本的に，人財育成の考え方やプロセスについては，障害がない社員とほとんど変わることはないと考えてよいでしょう。

Extra

※　仕事や趣味など，時間を忘れたり，周囲のことが意識できなかったりするほどに，没頭すること。本人の意思ではないため，コントロールできないことが多く，過集中の後に極度の疲労・倦怠に陥るなどの反動が出る傾向がある。同様に，集中力が高まって活動に没頭している意識状態をポジティブに評価される「ゾーン」や「フロー」とは異なるとされている。

Question

30-2 合理的配慮視点でのマネジメント ―複数体制

なにかというと体調を崩して休んだり，遅刻・早退を繰り返したりしています。

当社（サービス業・従業員 260 人）では，これまで身体障害の方々を中心に採用・雇用してきましたが，昨今の法定雇用率の上昇に伴う必要数を満たすため，精神・発達障害のある方々を採用することとなりました。当社で採用した人も，なにかというと体調を崩して休んだり，遅刻・早退を繰り返したりしています。このままでは，早期離職につながってしまうのではないかと心配しています。

A

☑「休み癖」をつけさせない

精神障害・発達障害のある方々に限らないかもしれませんが，ちょっとした不調で休んだり，遅刻・早退したりするなどの勤怠不安定が，「行きたくない」，「行きにくい」，「行かなくてもいい」……というように，定着の阻害要因や退職を助長する要因の１つになっているように思われます。実際，勤怠が不安定な人は，離転職を繰り返しがちです。一方，上司が本人の言い分を鵜呑みにして，安易に休ませてはいませんか？　昨今は，病欠等の届をメールや SNS で行う人が増えていますが，本人からの一方的な通知では状況がよく分かりません。必ず電話で報告させるようにしましょう。その報告の際，上司から「不調」の内容を詳しく聞いた上で，上司が「会社を休むほどでもない」と判断したときは，出社を促す場合もあってよいと思います。本当に調子が悪ければ，会社で休養したり，早退させたりすることも念頭に，できるだけ出社させることが肝要です。これは，出社を強要するということではなく，多くの場合，本人の勤続（の意志）をサポートすることになるからです。連続して休んだり，軽い症状で休むことが繰り返されたりするほど出社しにくくなってしまいます。勤怠不安定や離職につながる「休み癖」をつけさせないよう，また，安定した勤怠が本人の自己実現・キャリアアップのために不可欠――というより「前提」であることを，徹底的に教育・指導しましょう。特に，メンタル系の不調であれば，２日続けて休まない／休ませないことが，長期休業・離職とならないために肝要です。

☑ 職場の人間関係づくり

厚生労働省の調査によると，精神障害者の離職理由の第１位は「職場の雰囲気・人間関係」であり，よい職場環境をつくることが勤続の要であることがわかります。そのために，コミュニケーションの量と質の両方を高めましょう。精神障害・発達障害のある方々は，一般にコミュニケーションが苦手な人が多いと言われますが，仮にそうであったとしても，それを避けていてはいつまでもスキルは上がらないばかりか，他の社員との間に壁や疎外感ができてしまいかねません。同僚間のコミュニケーションを触発・促進するために，ペアワークまたはチームワーク主体で業務を行ってみてはいかがでしょう。また，「ほうれんそう（報告・連絡・相談）」を徹底させることによって，密度の高い上司との関係が築け，それによって上司も適切な指示やアドバイスができるようになります。

☑ 複数体制のメリット

ペアワーク・チームワークのような複数体制では，突発休などがあったとき，業務互換が効くという利点もあります。２人（以上）で話し合いながら，あるいは助け合いながら自律的に業務を進めていくため，管理者の負担軽減にもつながります。新規採用の際は，できるだけ，複数名（偶数が望ましい）の同時採用を検討してみてください。また，業務の種類をたくさんもっておけば（特に，納期に余裕があるスキャニングなど），急な予定変更に柔軟に対応しやすくなります。

☑「会社が楽しい」と思える職業リハビリテーションを

障害の種類にかかわらず，職場は「職業リハビリテーション」（※）の場として捉えれば，毎日会社に来て一定時間働くこと自体，生活リズムづくりにはとても効果的なことといえます。さらに，会社では，自分の居場所や役割があることや仲間がいることも，勤続のモチベーションとなります。朝起きたばかりのときは調子が悪いと思っても，会社に来て仕事をしたり，同僚等と会話をしたりするうちに，回復するという例は実にたくさんあります。不調者が頑張って出社してきたときは，本人が没頭できる仕事や，同僚とコミュニケーションをとることが必要な業務を指示するといっそう効果的かもしれません。それ以前に，「会社に来ると調子がよくなる」，「会社が楽しい」と思えるような環境づくりや声かけには，常々，意識的に取り組みたいものですね。

Extra

※ 日本職業リハビリテーション学会によれば，「障害をもっているが故に職業に就くことが困難になっていたり，維持していくことが難しくなっている人にも，職業を通じた社会参加と自己実現，経済的自立の機会を作り出していく取り組み」とされている（http://vocreha.org/about/about.php）。

〈参考文献等〉

- 厚生労働省「平成25年度障害者雇用実態調査」（https://www.mhlw.go.jp/file/04-Houdouhappyou-11704000-Shokugyouanteikyokukoureishougaikoyoutaisakubu-shougaishakoyoutaisakuka/gaiyou.pdf）（2020.7.9 アクセス）

第4章

職場に適応，職場が適応していくためには

対人関係やSNSなどネットでのやりとり，仕事での重責など，わたしたちは日々ストレスに晒されています。メンタルヘルスの問題に誰もが直面する可能性があるのが現代社会ではないでしょうか。メンタルヘルスの障害特有の生きづらさとともに，働く人が安定して職場で働き続けるために必要な方策を，障害者雇用の実践から紹介します。

Question 31

早期離職にならないために

職場に適応してもらうためにできることとして，どんなことがありますか？

当社は，地域でスーパーを数店舗経営する企業です。現在，店舗内で障害のある方が働いています。同僚の多くはパートやバイト職員のため，定期的に職場適応に向けた協力の要請をしていかないといけません。とはいえ，私自身も精神障害について十分に理解できておらず，職場としてどのような協力をしていったらよいか分かりません。

A

☑ 職場同僚への協力要請と支援の役割分担

精神障害者と聞くと，どのような病気の方をイメージされるでしょうか。精神障害のある方の主な病気としては，「統合失調症」とうつ病などの「気分障害」があります。個々人で障害の特徴は異なりますが，職場内で協力を得るために障害について理解してもらうことが必要です。

まず，統合失調症は，思考，行動や感情を１つにまとめていくことが難しいことを特徴とする障害です。そのため，しばしば聞こえるはずのない声が聞こえる幻聴や，感情表現が難しくなる感情鈍麻といった症状が出ることがあります。一般的に服薬等で症状は改善しますが，就労上は，不安感の強さ，物事を理解することの遅さ，体力のなさといったことが課題になり得ます。

次に，気分障害は，気分の落ち込みや高揚が一定期間続く障害です。抑うつ気分や早朝覚醒などの症状により，不安感の強さや不安定な気分状態，体力のなさといったことが主な課題になります。

職場適応には一緒に働く同僚の方々の不安軽減，そして何より協力が大切になります。必要に応じて，精神障害に詳しい支援者からの障害理解のための説明，雇用に際しての同僚の不安解消のための相談機会を設定することも有効です。実際，ある企業では雇用の際に職場を３グループに分けて，交代で１時間程度の障害についての研修会を全社員に行いました。また，定期的にグループで障害についての勉強会を開いていました。特に，精神障害は外から見えにくい障害のため，例えば欠勤の多さを，体調不良が原因ではなく，本人の気持ちの問題として誤解されることがあります。

そして，このような誤解を恐れて，本人が無理して体調を崩すことにつながってしまうことがあります。そのため，障害理解の機会は，職場内のサポートの輪を広げ，職場適応を促していく上で大切です。その上で，同僚の多くの方々がパート等の勤務形態の社員になる場合は，現場に協力をお願いしたいことと，管理者側で協力をすることというように，フォローの役割分担を分けるような体制整備が必要です。例えば，普段の作業の指導などは現場に依頼し，管理者においては体調変化の把握や不安等の解消に向けた相談をするなどの役割分担をすることで，会社全体で安定的な雇用継続が図れます。

☑ 職場同僚からの関わり方のポイント

次に，適応に向けて同僚から協力を得たい関わり方のポイントを示します。１つ目のポイントは，職務の難易度や身体的な負荷などを段階的に設定することです。初めから100％を求めてしまうことは，要求水準の高さから精神的な負荷を多く抱いてしまうことや，職務に慣れる前にリタイアしてしまう結果になりがちです。要求水準を段階的に増やしていくという発想を持つことが有効です。

２つ目が，悩みをため込むことがないように関わることです。本人が何も言ってこないので上手くいっていると理解するよりも，「何かため込んでいるのではないか？」，「困りごとに気づけていない」という可能性を見込んだ対応ができるとよいと思われます。相談機会の設定や定期的な声かけをすることで，本人が悩みをため込まないような配慮ができるとよいでしょう。

最後の３つ目が，体調を気にかけるということです。体調まで管理することは難しいと思われるかもしれませんが，精神障害の特性を考慮すると，体調とセットで職場の中の行動を理解しておくことが有効です。例えば，朝礼での睡眠時間や睡眠の質のチェック，定期的な疲労感の確認などの配慮が有効になります。このようにして，社員である精神障害者の健康を見守ることが有効です。

ある製造系企業では，入職の際にともに働くことになるチームにおいて障害者理解のための研修会を行った上で，チームメンバーで職場内でできる配慮についてグループで考える時間を設けるなどをして準備を行いました。このようなグループワークは，配属の前段階での準備のためだけに実施するのではなく，雇用する中で定期的に，必要に応じて雇用する障害のある社員も含めた形で実施することで，不安感や課題改善，環境改善につながります。このような適応のための支援を，職場の中でできる形にアレンジして実施してみるとよいように思われます。

Question 32

情報の整理と共有の重要性

病気等について，現場従業員にどのように伝えればよいでしょうか？

現在，精神障害のある方を雇用して３か月になります。現場従業員には「障害者雇用であること」だけ伝えていましたが，病名等を伝えていないため，「何に気をつけたらよいのか」，「どのように関わってよいのか」といった戸惑う声も出てきました。現場従業員にも病名等を理解してもらうことが必要だと思っていますが，障害のある従業員は，病気を周囲に知られることで無用な偏見が生じるかもしれないと，病名を現場従業員と共有することにずっと不安を感じているようです。安定した就労・雇用に向けて，病名等を現場従業員とどのように共有していくとよいでしょうか？

A

☑ 「何を」，「誰に」伝えるべきか

病気や障害の情報ついて現場従業員と共有する際，「どのような内容」を「誰にまで伝えるか」といった点が大切になります。ここでは，障害についての「情報の整理」と「情報共有の範囲」というキーワードから，支援の視点のポイントを見ていきます。

☑ 情報の整理

同じ病名・障害名であっても，個々人によってその症状や障害のあり方は大きく異なります。そのため，病名から考えられる「一般的な症状や障害」と「個人の症状や障害」の情報を整理する必要があります。一般的な症状や障害は本やインターネット・研修など様々な手段で知ることができますが，

個人の症状や障害は，障害のある従業員や支援者などから情報を得る必要があります。

「一般的な症状や障害」を学ぶ場の一例として，各都道府県の労働局の主催で「精神・発達障害者しごとサポーター養成講座」という，一般的な精神・発達障害者の雇用における配慮のポイントなどを学べる講座が開催されています。要望に応じて，社内で講座を開催してくれるため，一般的な配慮のポイントを学ぶために，一緒に働く従業員全員で受講するのもよいかもしれません。問い合わせ窓口は，各都道府県の労働局になります（※）。

「個人の症状や障害」について把握するとき，本人以外にも支援者から情報を得られると客観性が増します。障害のある従業員に対してどのような支援者や支援機関がついているかは個人によって異なるため，直接本人に確認するとよいと思います。また，「個人の症状や障害」は，職場環境（人，場所，業務内容）などによって変わる場合があります。そのため，職場環境についてできる限り具体的に障害のある従業員本人や支援者に伝え，「個人の症状や障害」が職場でどのように表れる可能性があるか，その対処方法をどうするかを協議しておくとよいと思います。

☑ 情報共有の範囲

次に上述した「個々人の症状や障害」を把握した上で，それをどこまで伝えるかについて考えていきます。前提として，本人の許可をとった上で，伝える必要がある人に伝えることが大切になります。

企業の規模にもよりますが，従業員数が多い企業となると，普段一緒に業務を行う方，同部署や同空間にいても普段はあまり関わらない方，などが出てくると思います。障害はあくまで個人の一部ではありますが，普段あまり関わらない方に障害の情報だけが伝わると，事例にあるように障害のイメージが先行し，関わりを敬遠される方もいらっしゃると思います。

そのため，所属長・普段から一緒に業務を行う方（３～５名程度）に，「個人の症状や障害」を伝える方法がよいでしょう。具体的には，「病状や悪化のサインと対応方法（声かけ方法や支援者・産業医等への連絡方法）」，「業務上配慮が必要と考えられる事」，「配慮が不要な事」などが伝えられるとよいと思います。また，就職後も関わっている支援機関や支援者がいれば，この場で紹介できると，一緒に働く従業員の方々の安心感にもつながります。

普段あまり関わりのない方には，必要があれば「障害者雇用であること」，「任せる予定の業務」，「その他全体と異なる事項（勤務時間，通院休暇）」を伝え，対応に迷ったら上記の３～５名のメンバーに相談してほしい旨が伝わるとよいと思います。

このように，普段から業務上関わりが多い従業員には具体的な情報があり，普段はあまり関わらない従業員には必要があれば聞ける距離に情報があるといった，関わりの深さによって「情報の距離感」を変える工夫が，不要な偏見を避ける手立てになると思います。なお，伝える情報の内容については，事前に障害のある従業員や支援者と共有できると誤解なく進められます。

「個々人の症状や障害」や職場環境はその後も変化し得るものです。就労する中で，障害のある従業員・一緒に働く従業員，双方から状況確認ができる機会を設けるとよいと思います。支援機関を上手に利用し，状況確認を継続することが安定的な就労・雇用につながるコツとなります。

Extra

※　厚生労働省「精神・発達障害者しごとサポーター」（https://www.mhlw.go.jp/seisakunitsuite/bunya/koyou_roudou/koyou/shougaishakoyou/shigotosupporter/）（2020.7.5 アクセス）

Question 33

評価のフィードバック

いつも不安そうに仕事に向かっている様子が気になります。

当社は従業員 100 人程度の企業です。現在，製造現場での障害者の雇用を推進しています。このたび，20 代前半の障害のある方を雇用しました。雇用して３か月が経ち，仕事にも職場にも慣れたころかなと思っていたのですが，職場では，当初と変わらず不安そうな表情をしています。直属の上司に様子を聞いてみたのですが，いつも自信がなさそうな様子だそうです。仕事は上手くできているので，この調子で頑張ってもらいたいのですが，その上司もどう接すればいいかまよっています。

A

☑ 就業中に生じやすい不安とは

障害のある方には，強い不安感等を持って働いている方がいます。このような方は，「この仕事は自分に向いているのだろうか？」や「上手くできていないので迷惑をかけている」といったような不安な思いを抱えている場合も多くあるようです。毎日帰宅すると疲労感でクタクタになっており，解消されない不安感とため込まれる疲労感の悪循環から，体調を崩し離職に至ってしまう場合があります。

では，このような不安を抱えながら仕事を続ける方を，職場の中で安定的に雇用継続につなげていくためにはどのようにしたらよいのでしょうか。ここでは特に，不安感の解消に向けて，職場の上司や同僚の皆さんのよい評価を正しく本人に伝えるという観点から，事例のような課題への対応方法について考えてみましょう。

☑ 不安解消のために
―具体的・客観的に評価を伝える（褒める）

障害のある方を雇用する企業を訪問すると，現場の上司や同僚の方々から「よく頑張ってくれてますよ。もう仕事を覚えて何も言わなくてもできているんです」とよい評価をもらうことがあります。その一方で，本人に感想を聞いてみると，「何も言われなくて不安でたまりません。上手くできているのかどうか……」と，周囲からの評価に関連して不安な思いを持っている場合があります。企業の担当者の方々にとっては伝えているつもりであっても，このように本人には上手く伝わっていない場合があり，よい評価を伝える（褒める）ということは案外難しいものです。こちらとしては「毎日，頑張っているな，偉いぞ」と本音を伝えているつもりでも，「本当だろうか？」と不安な思いを持つ方もいるようです。この不安を払拭するためにどうすればよいでしょうか。

よい評価を伝える際に工夫してもらいたいことの1つとして，具体的に客観的指標や行動を用いて褒めることを意識するが大切です。例えば，単に「よくやっている！」と伝えるのではなく，「昨日より作業が10分も早くなっている」や，「製品のできがよくなっていて隣の部署の○○さんが関心していたよ」というように，評価を具体的に伝えていきます。そして，この評価（褒める）を継続することが大切です。

☑ 不安解消のために
―評価を伝える（褒める）ことを継続する

その一方で，「褒めることを意識しすぎると，うまく褒めることができなくなった」や，「褒めることは自然なことなので，任されると負担が大きい」など，褒めることを負担に感じることもあるかもしれません。しかし，褒めないことは，いつの間にか本人が不安を抱え込んでしまうことにつながるおそれがあります。そのため，例えば，次のような継続のための取組が行われています。評価者の役割が一人の同僚に偏り過ぎて，結果的に評価されなくなることを防ぐために，作業日報を導入し，今日の成果や活動を記録された日報に基づいて,「○○の製品の埋め込みが上手くなっており，製品がよくできていた」や,「いつでも相談にのるよ」といった一言メッセージを，1週間に1回など定期的に記載することをシステムとして取り入れていました。また，障害者職業生活相談員といった資格を持つ従業員を配置し，この従業員に評価（褒める）役割を持たせて，本人の評価を任せたりしていました。

通常，サポートというと個々人の自発的な支援協力をイメージするのではないしょうか。これにはしばしば従業員の協力も不可欠です。初期場面では従業員のみなさんがサポートに協力的でも，時間とともにサポートが減っていく場合があります。そのため，このようなサポートの継続性が課題となります。したがって，自発的なサポートだけでなく，定期的に相談の時間を設ける，毎日日報を持ってやりとりする，工場で毎朝声をかけるなどのサポートの仕組みを構築し，計画的なフォローの体制を構築することが有効です。

障害のある方は，今までの経験から自信が低下している人も少なくありません。このような評価（褒める）を通した心理的なサポートを継続することが，より長く働くことができる職場環境づくりにつながっていきます。

Question 34

モチベーションアップにつながる伝え方

指導の仕方や励まし方に悩んでいます。

よくテレビなどで，障害のある方には，「頑張って」と言ってはいけないと言われています。同僚には，「心の病気だから，強い口調や励ましはダメだ」と指示したのですが，同僚たちは，「どうしたらいいのか分からない」と困り果ててしまいました。自信をつけてもらいステップアップしてほしいと思っていますが，どのように指導したり，励ましたらいいのでしょうか？

A

☑「頑張って」は禁句なのか

事例にあるように，「頑張って」は禁句であるとよく言われます。これは，すでに本人の中では目一杯頑張っている状況であった場合，それ以上の要求は強いプレッシャーになるという意味合いがあるためです。また，「頑張って」という言葉は抽象的であり，言葉のニュアンスを掴みにくい方にとっては，「どのように頑張ったらよいのか」と迷ってしまうケースも考えられます。

☑個人のイメージの具体化と共有

まずは，精神障害のある方が感じている仕事の状況を聞き取った上で指導や励ましをすることが大切です。さらに指導のポイントとして，仕事の期間・時間・数量などが「より具体的に」すると伝わりやすくなります。

事例をご紹介します。製造会社で一般事務をしている精神障害のあるＡさんは，入社して３か月目になりました。仕事は，社員の給与計算を行っていました。評価も高く，上司から励ましやステップアップを促す意味で「Aさんだったらもっとできるでしょ。旅費計算もやってみたら」と声かけがありました。Aさんは嬉しく思ったのと同時にプレッシャーを感じました。定着支援を受けている支援者との面談の際，Aさんに仕事の状況を確認すると，「自分の中では今の仕事で8割くらい力を注いでいて，結構いっぱい，いっぱい。旅費計算の仕事は，例えると3000 m級の大きい山が現れたみたい」との話が出ました。その後，上司の方との面談でそのことを伝えると「今の仕事はよくできていて笑顔も出ていたので，仕事に余裕があると思っていた。数100 mくらいの小さい山の提示のつもりだった。やってみてできなければ今の仕事の継続でいいので，気軽にやってほしい」との話でした。

その後，障害のある社員の方と上司の方も一緒に話を共有したところ，本人から「やってみてできなければ今の仕事でもいいと聞いて安心した。山が大分低くなった。今の仕事ができていると言われたことも自信が持てた」と話し，旅費計算の業務にもチャレンジをすることになりました。その際も，まずは1週間，10～12時までの2時間を旅費の処理の時間にあて，1週間後に，実際にやってみてどうであったかを話し合いながら進めることとなりました。

☑ 伝わる表現の工夫

障害の有無にかかわらずですが，今回は山の高さに例えたように，精神障害のある方にとっての業務の負担感と周りの人が想像する負担感は異なります。あくまで本人が感じている状況を確認することが大切になります。その際のポイントとして，「大丈夫か」，「余裕があるか」などYES，NOで答える質問ではなく，「何％くらい」，「何割くらい」等，どれくらいに感じているのか量的に答えてもらう質問をすると，精神障害のある方の感じ方をより具体的に把握することができます。この聞き取りに関して，本人が気兼ねなく話せる状況が望ましいため，はじめのうちは本人が話し慣れている支援者等に聞き取りをお願いしてもよいかと思います。励ましに関しても，支援者の方から伝えてもらうのも1つの方法です。間接的に「○○さんがこの調子で頑張ってほしいって言っていたよ」と言われることの方が，プレッシャーを感じにくく純粋に喜べた，というケースもありました。さらに，徐々に現場の方と話し合える状況を作ることも大切です。支援者を仲介しながら，現場の方も交えて話す機会を作る等，最終的には現場の中で気兼ねなく話し合える状況を作ることが望まれます。

ステップアップを目指し新しい業務にチャレンジする際も，事例のようなプロセスを通して周りが自分の状況を分かってくれていると，本人はより安心して進めることができます。さらに，チャレンジする具体的方法やチャレンジ後も相談できる状況を作ると，プレッシャーも軽減して進められると思います。事例では，具体的な方法として時間と期間を決めました。また，それを現場で共有できると，励ましの言葉が「旅費計算 12 時まで頑張ろう」，「あと３日頑張ろう」など具体的になり，本人にも伝わりやすく改善していくことが期待できます。

Question 35

まずは理由の確認を

社会人としての課題が見受けられます。

すでに雇用して３か月が経とうとしていますが，初めての障害者雇用で分からないことばかりです。仕事については，障害特性を踏まえて，本人のペースでやってもらえたらよいと思っています。しかし，少し気になるのは，社会人としての意識の部分です。どこまで求めていいものかと悩むのですが，出勤したら「おはようございます」，教えてもらったら「ありがとうございました」などの基本的な挨拶ができていません。まだ同僚は大目に見てくれていますが，このままずっと続くようであれば受け入れてもらえなくなってしまう気がします。

A

☑ 理由と課題はどこにあるのか

障害のある方であっても，一緒に働く従業員という点は同じです。お互いに気持ちよく働くために必要なことについて，本人と話し合ってみてはいかがでしょうか。

事例では，「おはようございます」，「ありがとうございます」が言えていないとの点ですが，まずはその理由を聞いてみることが先決です。雇用して３か月とのことで，一度振り返りや今後の目標を話し合う時期としてはちょうどよいかと思います。

話し合う上でのポイントとして，できていないことを責める形ではなく「挨拶していないことが気になっている」，「何か気になることでもあるのか」等，気にかける形で聞いてもらうと話しやすい状況をつくれるかと思います。

☑ 挨拶できていない事に気がついていなかったケース

緊張が強かったり，周囲の様子を把握することが苦手な方の場合，挨拶を忘れていたり，周りが挨拶をして自分はしていないことに気がついていない場合があります。話合いの中で具体的に客観的状況を伝え，余裕があれば挨拶をするよう促してみてもよいと思います。

また，このようなケースの場合，一度に複数の指摘をすると余計に緊張が高まったり，混乱してしまう場合もありますので，その際は「おはようございます」だけにして，それができたら「ありがとうございました」を目標にする等，細かい段階づけも有効となります。

☑ 挨拶のタイミングが分からないケース

自分から話しかけることが苦手な方等の場合，どのタイミングで挨拶やお礼をしたらよいか分からないこともあります。

その場合，朝，部署に入ってドアを閉めたら全員に向かって「おはようございます」。仕事を教えてもらって，仕事に取り掛かる前に，教えてくれた人に「ありがとうございました」。というように具体的なタイミングを伝えることが有効な場合があります。「いつ」，「どこで」，「誰に」を明確にすると，本人にとってやりやすくなる場合があります。時間があれば，シミュレーションをしてみるのも有効になるかと思います。

これらの対応のように，まずは挨拶ができていない要因を探り，それに合わせて対応する必要があります。要因と対策が分かれば，本人の了承の下，一緒に働く同僚や上司に伝え，見守りや時折声かけをお願いできるとよいかもしれません。

☑ 業務（環境面）にアプローチしたケース

ここまでは，個人の課題に対して「できるようにする」方法を考えてきました。一方で，緊張の強さやコミュニケーション上の特徴等で，口頭での挨拶がどうしてもできない場合も考えられます。その際には，何が課題なのかを明確にして環境面にアプローチしていくような対策を検討する必要があります。会社・部署として口頭での挨拶が必ず必要なのか，できていないことで業務上問題があるのか，検討していきます。

社内を個別に歩き回る清掃の仕事をする方で，「○○行ってきます」という口頭での報告がうまくできず，現場から「どこにいるのか分からない」と相談を受けることがありました。最初は本人が他の従業員を見つけて報告するチャレンジをしたのですが，話しかけるタイミングが計れなかったり，場所を伝えようとすると言葉がうまく出なかったり，結果的に口頭で伝えることが難しいことが分かりました。障害のある従業員・一緒に働く従業員の方と検討の結果，スケジュール表を作ること，掃除用具置き場のドアにどこにいるか表示するマグネットを貼る（図参照）ことで対応をすることになりました。この方法で「どこにいるのか分からない」という課題は解決され，現場の方にも納得していただけるとともに，障害のある従業員にも無理のない報告方法が確立できました。この事例の場合，課題は「声を出して報告ができないこと」ではなく「どこにいるか分からないこと」でした。

図 業務場所を伝えるマグネット

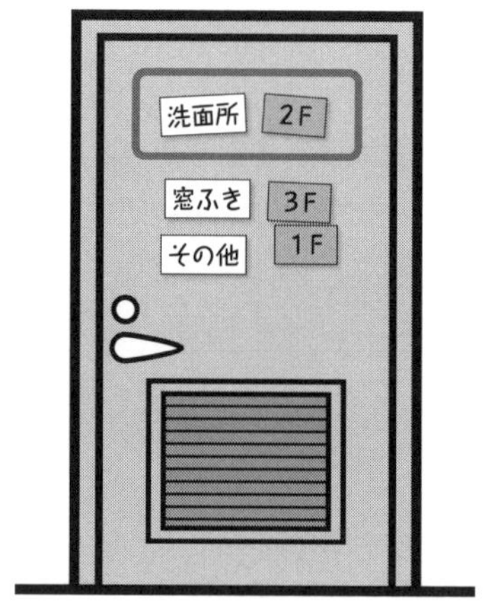

また，今回の事例と同じように，「ありがとうございます」のお礼が口頭でできていないことが職場の課題に挙がった事例もあります。この事例では，

お礼の気持ちを伝える必要性を伝え，タイミングやシミュレーションを行い実施を試みましたが，口頭でお礼をすることは定着しませんでした。しかし，お礼をすべきということは本人も理解していたため，会釈をする様子が見られるようになりました。

結果，現場はそれでOKと判断しました。この事例の場合，課題は「口頭でお礼を言えないこと」ではなく「感謝の気持ちが伝わりにくい」ことでした。本人の感謝の気持ちは会釈という形であることを現場の方とも共有し，納得してもらいました。これらの事例は，個人ではなく，業務（環境面）にアプローチをした事例です。

このように，何が本当の課題なのか，業務上の問題はあるのかを注意深く分析し，そこに対してアプローチをしていくことが大切です。検討とチャレンジを何度か繰り返してもよいと思います。その際には，支援者に本人に無理のない範囲かどうか確認してもらいながら進められるとよりよい形になるかと思います。

Question 36

円滑な指導のために

ミスをしたので指摘したら不満そうです。どうしたらよいでしょうか？

雇用して１年近く経ったのですが，普段の仕事のでき具合から仕事を広げていくことが難しいと感じています。つい先日も，障害のある社員は前向きな気持ちで工夫したとは思うのですが，いつもと違うやり方でやってしまい，手直しが必要な状況がありました。このことを本人に伝えると，注意されたように思ったらしく顔を曇らせていました。当社は製造業のため，指示されたことを指示された通りに，確実にやってもらうことがとても大切です。せっかくのご縁ですので，本人の成長に期待したいと思っています。

A

☑ 働く中で必要とされる自己理解

長く働き続けるためには，働く障害のある社員が自身の障害や特徴などについての理解することが大切になります。働く中では，このような自己理解を支援することが有効です。ここでは，この「自己理解の支援」という観点から，本人の思いと企業の願いの間のすれ違いの解消に向けた支援方法について解説します。

働く中で必要とされる自己理解とは，特に職業に関しての自分自身のイメージについて理解することを指します。このイメージとは，例えば「うまく仕事ができていて，この仕事は自分に向いている」や「仕事を早くこなすことはできるけど，最終確認をしないためにミスが自分は多い」といった自己評価であったりします。このような自己評価は，自分が仕事を続ける上で自信やキャリアの見通しにつながるものと考えられ，大切なものと理解できます。

しかし，障害のある方は，このように自分自身を俯瞰的に振り返ることが苦手という場合があります。さらに，初めての就職といったような場合には職業経験が少ないために，自己評価と企業の同僚の皆さんからの願いや評価との間のすれ違いやギャップを埋めることが難しい場合もあります。そのため，働く中で，このような自己評価と他者からの評価の間でのすれ違いに基づく課題が生じることがあります。

この一方で，今回の課題にも見られるような同僚との自己評価のズレは，自信や前向きさの表れとも捉えることができる場合もあります。この自信などは，今後の成長を促す大切な要素になることもあるのです。よって，この自己理解を上手く支援することは，例えば，自分の特徴を知ることで，このような自信や前向きな気持ちを次の自分の目標設定につなげていくことができるといったように，職業人としての成長のために支援することが大切です。

☑ 自己理解を促進するための関わり方のポイント

職場で精神障害のある方の自己理解を支援することに寄与する関わり方のポイントとしては，次のようなことが考えられます。

１つ目は，職場における作業状況や作業成績といった実際の活動を通して，自分自身の現状を具体的に認識してもらうことです。例えば，課題を指摘する際には，注意することに力点を置いてしまいがちです。むしろ，指摘においては，本人に課題を認識してもらう，そして，変わってもらうという願いを持つことが大切です。例えば，作業量の違いや行動基準に対して具体的にできていない等の具体的な体験の結果を示し，現状について認識してもらうような声かけが求められます。ある企業では，本人の認識するできあがりと会社が認識するできあがりのズレを示すために，本人の製品と上司の製品を並べて見比べてもらったという対応をしていました。

また，２つ目として，この企業では，障害のある社員に現状を理解してもらうために，入社した当時にできていたことと今できていることの間での比較，現在の行動上の課題と理想的な行動の具体例を示して，その比較の中で今しなくてはならない行動を考えてもらうといったような定期的な相談を行っていました。

その上で，３つ目として，障害がある社員が主体的に課題を探求できるきっかけを提供するために，職場の作業ラインで本人に将来的に身につけてほしい技能について話し合う機会を持つこと，現場任せにせず，人事担当者と目標設定のための相談を実施することも行っていました。

障害のある方の職業人としての成長を企業として支援していく上で，なかなかノウハウがなく難しさを感じられる場合もあるかもしれません。その際には，支援機関や医療機関にぜひ相談してみてください。障害のある方が，働く中で自分自身の課題に気づき，それを成長につなげていくために企業としてできること，伝え方などのポイントを助言してもらうことができます。

Question 37

コミュニケーションスキルを育てる

長く働いてもらうために，本人とどのようにコミュニケーションを取っていくとよいでしょうか？

先月から精神障害のある社員が働いています。真面目に働いてくれておりとても助かっていますが，本人に体調を聞いても，「大丈夫です」と答えるのみで無理をしていないか心配です。長く働いて欲しいのですが，私も現在の同僚もいずれ別の部署に異動するかもしれず，長期的に本人をフォローしていけるか懸念があります。どのように本人とコミュニケーションを取り，体調に配慮すればよいでしょうか？

A

☑ 職場内でのコミュニケーションを支える方法

精神障害のある方が長く働き続けるためには，職場での困りごとを早期に解決すること，心身の不調を早い段階で捉え，ストレス状態を悪化させないようにすることが重要です。早期の問題解決や不調への対処のためには，精神障害のある方による自己管理だけではなく，職場が精神障害のある社員の困りごとや体調の変化に気づくことが求められますが，事例のように，「精神障害のある社員の状況をうまく把握できない」という声が，企業の方からよく聞かれます。ここでは，本人の困りごとや体調の変化を把握するコミュニケーションの方法について，事例からヒントを提供します。

障害を開示して働くＢさんは，周囲の期待に応えようと積極的に仕事を引き受けていました。そのうちに業務量は増え，業務内容も複雑になっていきました。Ｂさんは信頼されていることを嬉しく思う一方で，「期待を裏切ってはいけない」という強いプレッシャーを感じていました。そして，就職から半年が経った頃，突然仕事を３日間休んでしまいました。

精神障害のある方の中には，業務に対応する能力は十分あるものの，極端に自己評価が低い人や，不安や緊張感が常に高い人がいます。また，周囲の期待に応えようとする中で無理をしてしまい，些細なきっかけで張り詰めた糸が切れたように突然出勤できなくなることもあります。そのため，セルフモニタリングが体調安定のキーポイントとなります。Ｂさんも，頑張っている最中は自分の状態に気づかず，気づいたときには限界だったという，セルフモニタリングが上手く働いていない状況でした。このようなことを繰り返さないために，障害者職業センターが支援の依頼を受け，Ｂさん，直属の上司，そして主治医と相談し，以下のような取組を行いました。

まず，業務量や内容が過度に増えないように，担当業務を固定化し，そのことを部署内で共有しました。他の社員からＢさんに依頼したい仕事があれば，いったん上司が取りまとめることにしました。そして月に１回，上司との面談を設定し，上司がＢさんの業務状況を確認した上で，新しく依頼したい仕事をＢさんに伝え，対応可能な範囲を検討することとしました。ただし，このような面談を設けても，Ｂさんが上司からの依頼を全て引き受けてしまうことが推測されたため，面談が効果的に機能するまで，障害者職業センターの職員が同席することとしました。ねらいは，Ｂさんが「負担になる業務は断る」経験をすること，Ｂさんの状況を確認する方法や業務を依頼する方法を上司が理解することです。

障害者職業センターの職員は，面談でＢさんと上司のやりとりを確認し，双方に望ましい伝え方を助言しました。また，面談以外に上司がＢさんの状態を随時把握できるよう，業務日誌を導入しました。業務日誌には，その日の体調や気分，睡眠状況，抱えている業務とその進捗を記録するようにしました。日誌によって自分の状態に向き合う機会を毎日設けることで，セルフモニタリングの習慣を作ることができました。また，Ｂさんは，口頭で「大丈夫か」と尋ねられると，とっさに「大丈夫」と言ってしまう傾向がありましたが，日誌であれば考える時間があるため，正直に自分の状況を伝えることができました。このようなコミュニケーションによって，上司がＢさんの状況をよく把握でき，Ｂさんは無理をせずに働くことができるようになりました。

☑ 相談システムの構築

この事例のように，相談のシステムを作ることで，本人がタイムリーにかつ本音を話しやすい場合があります。一度決めた相談システムを継続（必要に応じて改良）していけば，上司や同僚が異動し担当者が代わっても，職場内での支援が得やすくなります。また，職場だけではなく，社内の産業医や産業保健スタッフ，主治医をはじめとした医療機関スタッフの協力を得て相談システムを設定することが望ましいこともあります。職場外の関係者と協力することで生活面を含めた支援が可能となり，職場による問題の抱え込みを予防することにもつながります。

なお，体調管理のための適切なコミュニケーションの方法は，本人と職場が使いやすく，継続的に活用ができるという観点をもって，本人や本人をよく知る支援機関と十分話し合い，決めていくことが肝要です。

Question 38

急な体調の悪化への対応

働く中で生じた体調悪化をどう支援すればよいでしょうか？

先日，精神障害のある方が働く現場の部下から相談を受けました。３年近く働いていますが，最近体調が悪そうです。特に今週になって，遅刻が頻繁に見られたようです。その方が体調を崩しているのではないかと心配しています。どのように対応すればよいでしょうか。

A

☑ 体調悪化を申告しない理由

明らかに不調であることが周囲も分かっているにもかかわらず，障害のある方から何の訴えもないのはとても心配です。精神障害の方には，体調不良を訴えると会社を辞めさせられるのではないか，今の仕事量が減らされてしまうと不安に思う方もいて，正直に自分の体調不良を打ち明けることができにくい方もいます。

精神障害のある方が安心して働ける背景には，仕事に対する達成感はもちろんのこと，自分の働きが会社や同僚に認められたということも大きく影響してきます。自分の不調を申告することで，これまで時間をかけて築いてきた同僚との人間関係にマイナスの変化が生じるのではと，強い不安を持つ場合もあります。

☑ 定期的な面談による信頼関係の構築

相談したいと思っていても，自分から相談希望を申出できない方もいます。そのため，面談には毎月決まったスケジュールで面談を行う方法があります。面談では，「体調はどうですか？」といったあいまいな質問よりも，数値で体調を示してもらったり質問を具体的にしたりするなど，答えが返しやすい方法を工夫して取り入れることが有効です。

事例のような場合，緊急的な面談を行うことになります。この面談では，きちんと受診や服薬ができているかを確認してみましょう。何らかの原因で受診や服薬ができていないことが分かった場合，決してそのことを責めずに，なぜできなかったのかを共感的に聞き取ってください。支援機関とつながっている場合はこのことを共有していただくと，今後の対応策を一緒に検討することができます。

また，職務の量が適正であったかということも確認の１つの視点になります。精神障害の方は真面目に一生懸命仕事をする方が多いですが，それゆえに自身の体調不良に気がつけないまま仕事を継続してしまうことがあります。職務指示の際，締切りまでの余裕があることや，イレギュラーが起こった際に対応してもらえる環境が整っていることを伝え，無理をせず安心して仕事に取り組んでいける環境にあることをメッセージとして伝え，理解してもらうことが重要です。

なお，定期的な面談を行うことで，その方の健康状態を把握することができ，どんな時期に体調を崩すか，どんなことがきっかけで起きるか，体調不良になったときの対応方法など，職場で障害のある方を支えるために必要な障害への対応が可能になります。

☑ 解決方法を支援機関・医療機関とともに考える

障害のある方をサポートしてくれる支援機関がある場合は，支援機関と連携することも有効です。相談内容によっては，事業所の上司に話しにくいことも想定されます。そのようなときは，支援機関が関わることで本人から本音が引き出せることもあります。また不調の原因が生活場面にある場合，事業所の方は確認することが難しかったりします。このような事業所が関わりにくいところは，支援機関と連携して対応されることをお勧めします。

今回のような場合，支援機関では，次のような具体的な支援に協力ができます。まずは障害のある方が働いている現場を訪問し，担当者や本人から聞き取りをし，好調時とどの程度違いがあるかを確認することができます。不調の原因が就労場面以外にあることも少なくありません。生活面で起こっている問題があれば，必要に応じて家族からも事情をうかがい，連携して本人の就労を支えます。きちんと睡眠がとれているか，食事の状態はどうか，仕事の不安を家族に打ち明けていないか等，家族から得た情報も定着支援には重要なポイントとなります。

さらに，医療情報の共有も大事なポイントです。受診しても自分の症状を正確に伝えることが難しく，ついつい主治医の確認に「大丈夫です。」と答えてしまう人も少なくありません。また，医療機関は本人が働いている生の現場を実際に確認できないため，情報が十分でないまま医師としての見立てをしなくてはならなくなります。支援機関は，就労現場の情報，事業所の意見，家族からの情報を持って本人の受診に同行させていただくことが可能です。医師からの診断を事業所や家族と共有し，本人にも含めた役割分担を明確にすることができます。

例えば，勤務中体調が悪くなったときには頓服薬を服薬するようにと医師から指示が出たとします。仕事中席を立って薬を飲むということに抵抗がある方は，なかなかそれを実行することができずに我慢をしてしまいがちです。しかし，支援機関が頓服薬の情報を知っていて事業所に伝えていれば，「勤務中でも服薬してかまわないです。」と言ってもらえて，障害のある方も気持ちが楽になり，安心して仕事を続けることができるでしょう。このように支援機関とつながっておくことで，事業所だけが抱え込まず，一緒に対応策を考えていくことが可能です。

Question 39

職場復帰をスムーズに

復職に向けて準備できることはありますか？

来月，体調を崩して休職していた社員が職場復帰します。相談体制や上司や組織としての仕組みの構築の必要があるということは理解していますが，職場復帰の社員を受け入れるのは初めてのため，普段の声のかけ方や人事としての関わり方等，職場としてどのような支援を心がければよいでしょうか？

A

☑ 職場復帰に向けた支援とは

これまで会社として支えてきた方がやっと復帰するということになると，復帰がスムーズになるようにしなければと気負われることも多いでしょう。質問のように不安に思われるのは，きっと職場復帰が目的地ではなく，１つの大きな通過点として認識されていて，社員が以前と同じように心地よく働いてもらえることを願っているからだと思われます。そこで，職場復帰に向けて必要と思われることを，環境面での具体的な調整と人的な支援面の２つの側面から説明します。

☑ 環境面での調整

１つ目は，環境面での具体的な調整といった支援についてです。休職された方は，一般的に復帰に際して，「今までのように働けるだろうか？」といったような不安な思いや「同僚の皆さんに迷惑をかけて申し訳ない。頑張らなければ」といったようなプレッシャーをしばしば持っています。ある方は，職場復帰に際して「死ぬ気で頑張る！」と述べ，しばらくは持ちこたえていましたが，頑張りすぎてしまったようで，結局，再休職に至ってしまいました。慣れてしまえば何でもない仕事も，職場復帰に際しては，過度に疲れるものですし，復帰時の絶えず続く緊張感から働くことの負担は案外大きいものです。そのため，その方が焦ることや過度に不安を感じることがないようにしないといけません。そのために，企業の人事担当者も焦りや過度な不安を感じないように，医療機関に相談することや同僚と支え合いながら落ち着いて支援を進めていくことが大切です。

具体的な環境面での調整としては，例えば，症状の安定と再発予防に重要となる定期的な通院時間を確保すること，会社で視線を気にすることなく服薬できるような時間帯を持つこと等が配慮としてできるとよいでしょう。これらについては，比較的柔軟な対応として，人事課内で導入しやすいことかもしれません。それ以外にも，再発予防に向けて，過重労働や不規則な勤務にならないように，本人の意向を確認しながら勤務スケジュールや要求水準の設定をあらかじめ行い，定期的に相談を通して確認や検討を行うことも重要です。

☑ 職場内支援体制の構築

２つ目が，職場内の人的な支援体制の構築です。先ほども述べましたように，職場復帰の直後は慣れずに負担を大きく感じてしまうことや，慣れるにつれて頑張りすぎてしまうことがあります。そのため，復帰した社員の様子をモニタリングできる存在が職場にいることが大切です。ある企業では，職場の監督者に職場復帰した社員の様子を見てもらうように依頼し，休憩せずに過度に頑張りすぎていないか，体調を崩していないかをモニタリングしてもらっているといった事例があります。また，企業内の産業保健に携わるスタッフと連携し，定期的な相談を行ってもらうこと，その結果把握された課題を共有し，改善していくための取組を人事担当者が音頭をとって行っているといった事例もあります。

いずれの場合においても，職場復帰した社員が通院するクリニック等の利用機関との連携が大変重要です。企業内でこのような支援を全て実施することは，なかなか難しい場合もあるかもしれません。このような場合は，外部の支援機関に協力を求めてみましょう。職場復帰のための支援プログラムを利用した場合など，本人の不安解消や性格的な真面目さからくる，やり遂げないといけないといったようなこだわりや過集中に対する，モニタリング等の職場適応のための支援の提供を受けることができる場合があります。このように，本人とも相談し，協力を得ながら，職場内での支援を構築していくことが有効です。

☑ 風通しのよい職場づくりにつなげる

ここまで障害のある方の復職時に有効な支援について例示してきました。このような支援について説明をしていくと，企業として負担が大きく，そこまでしないといけないのかと疑問を持たれる場合もあるかもしれません。しかし，職場復帰は企業の発展のためのチャンスとして捉えてはいかがでしょうか。つまり，職場復帰の支援をきっかけに，休職者が発生しない職場づくりとして，職場環境等の把握と改善，管理職，組織体制としてのメンタルヘルス予防のための教育研修と声かけのできる体制づくりができるとよいのではないでしょうか。

ある企業では，復職に向けて，監督者に対する病気に対する研修の機会を開きました。その中で，監督者からは「誰にも起こりうる病気であると初めて知った」や「心も持ち方と思っていたが時代に合わせて自分の考え方を変更しないといけないと認識した」との感想を聞くことができました。特に近年は，企業運営の中でも風通しのよい社風が注目されています。これをきっかけに風通しのよい会社づくりにつなげることができることは，企業としての発展にもつながるのではないでしょうか。

Question 40

キャリア形成のために

長く働き続けてもらうために必要なキャリア形成のための方法について教えてください。

当社では，委託を受けて施設の清掃等の業務を行っています。この職場には，勤めて５年が経つ障害のある方がいらっしゃいます。これからも長く働き続けてもらうことを願っています。しかし，大企業や工場を持つ会社とは違い，限られた場所や仕事の範囲になるため，長く続けてもらうための工夫が思いつきません。

A

☑ 体調とキャリア形成のバランスの維持

精神障害のある方の職場定着率は，就職後３か月時点で69.9％，１年時点で49.3％というデータがあります（障害者職業総合センター，2017）。このように約５割が１年時点で離職する状況を踏まえると，まだまだ短期間で離職される方が多いようです。しかし，少しずつではありますが，比較的長く働き続ける事例を目にすることがあります。会社の運営上のメリットを考えると，できる限り長く働き続けてもらうことが大切です。そのための視点として大切になるのが，キャリア形成の観点です。

障害のある方のキャリア形成ということを考える際に，考慮する必要があるのが，体調とキャリア形成の支援のバランスです。例えばキャリア形成に向けた取組を行うことで，無理をし過ぎてしまい体調を崩してしまっては意味がありません。また，体調を慎重に捉えすぎて，取組が進まないということもあるでしょう。体調とキャリア形成の支援の間のバランスを考慮した支援が望まれます。

特に精神障害の方にとって，仕事を継続していく上での不安として，生活設計の見通しが持ちにくいことや，負荷が上がり以前のように体調を崩してしまうのではないかという不安を抱えている場合があります。そのため，最近，仕事が上手くいっているからと，早々にキャリア形成のための支援として仕事量を増やす等の対応を実施するのではなく，少し長期的に，「どのような見通しで」，そして，「どのようなタイミングで」キャリア形成を支援していくかを事前に本人と話し合っておくことが有効です。このように話し合うだけでも，本人にとっては，自らのキャリア形成に向けた見通しが持てるので，キャリア形成の支援の１つになっていきます。

☑ キャリア形成のための相談機会の設定

ある全国規模の会社では，将来的には，仕事の広がり，正社員登用などの可能性をきちんと提示し，それに向けて，今はどのような現状か，何ができていて何が課題かなどを定期的に話し合いながら，障害のある社員の目標として整理していくような取組をしています。大きな会社であればそのような支援はできるかもしれないですが，事例のように小さい会社では，仕事が限られているので難しいと思われるかもしれません。キャリアということの本質を考えると，単に給料アップ，正社員登用といったことだけがキャリア形成の支援の本質ではありません。キャリアは，このようなワークキャリアだけでなく，ライフキャリアという社会との関係の中で，どのような役割を果たしていくのか，どのような職業生活を営んでいくのかという視点が大切です。

このような職業生活全体を通して，「どのような役割を果たしていくのか」や「どのような価値を形成するのか」といったことを，キャリア形成の中核として支援することが大切です。事務職として統合失調症の方を雇用していたある会社では，キャリア形成の支援として，単に段階的に正社員と同様の仕事になるように仕事を増やしていくのではなく，社内向けの書類準備から対外的な書類準備をしてもらうことや，内線電話のみの対応から外線電話も含めた電話対応をしてもらうこと，また，責任の程度を増やしていくこととして，これまでダブルチェックをしていたのを本人の責任の中で実施してもらうような体制にシフトしていくといったように，仕事の質を高めていくようなステップを設定していました。これにより，障害のある社員は仕事に対する自信を持ち，モチベーションを持って仕事を続けることができている状況にあります。また，介護系の職種において，職員の一人としてキャリアアップできるように，資格取得に向けた休日の取り方や仕事のスケジュール設定を配慮する等の支援をしていました。今後は資格試験を受けて，仕事でできることを増やしていきたいとの思いを強く持っています。このような対応は個々人で大きく異なります。そもそも，このようなキャリア構築のイメージを持てていない方もいますので，まずはキャリア構築に向けた相談の機会を定期的に実施することから開始していくことがよいと思われます。

働く中でもっとできることを増やしたい，仕事のスキルを磨きたい等の思いを持つことは自然なことです。キャリア形成に向けては，単に仕事を増やすという発想ではなく，ご本人が仕事にどのように向き合うのかということを考慮した対応が必要です。まずは，障害のある方と相談し，その中で，仕事の捉え方，仕事への思いを整理する中で，ご本人が望むキャリア形成のあり方について，実際の就業状況や体調状況も考慮して話し合って決めていくことができるとよいように思います。

〈参考文献等〉

- 独立行政法人高齢・障害・求職者雇用支援機構　障害者職業総合センター「障害者の就業状況等に関する調査研究」調査研究報告書 No.137（2017）（https://www.nivr.jeed.or.jp/research/report/houkoku/houkoku137.html）（2020.7.13 アクセス）

第5章

発達障害のある方とともに働くには

近年「発達障害」というワードは，もはや医療・福祉や教育の現場だけでなく，マスコミやネットなどを通じて広く社会に知られるようになりました。一方で「あの人は“ハッタツ”じゃないか？」などと安易に決めつけて語られる風潮もあるようです。診断名や障害の名称，属性だけではなく目の前の人を見ることの大切さを，障害者雇用の実践例を通じて知っていただきたいと思います。

Question 41

発達障害とは

“発達障害”とはどんな障害なのでしょう？

精神障害者保健福祉手帳を持つ 20 代の男性が応募してきて，先日一次面接を行いました。几帳面で真面目な，悪くない印象の方でした。障害は“発達障害”で服薬の必要がなく，コミュニケーションが苦手だと言います。精神障害なのに服薬が不要？　コミュニケーションが苦手な若者なんてたくさんいるのでは？　他に課題はないの？　このように疑問だらけです。“発達障害”とはどのような障害ですか？

A

☑ 発達障害

平成 17 年 4 月に施行された発達障害者支援法では，発達障害を「自閉症，アスペルガー症候群その他の広汎性発達障害，学習障害，注意欠陥多動性障害その他これに類する脳機能の障害であってその症状が通常低年齢において発現するもの」と定義しています。

一方，精神疾患の診断基準・統計分類である DSM-5（※）では，“発達障害（正式には神経発達症）”の中に「自閉スペクトラム症」,「注意欠如・多動症」,「限局性学習症」,「コミュニケーション症」,「運動症」,「チック症」,「他の神経発達症」を含み，さらに「知的障害（正式には知的能力障害）」も含みます。そして，アスペルガー症候群や広汎性発達障害といった用語は使われず,「自閉スペクトラム症」に統一されています。

このように，法律と医療や研究で使われる用語が統一されておらず，似ているけれど少し異なる単語が存在していて混乱するかもしれません。ここではシンプルに,「発達障害とは自閉症スペクトラム障害，注意欠如・多動性障害（以下 ADHD），学習障害（以下 LD）などの総称」と整理しておきます。

世界的に研究が日進月歩で進められていますが，現在のところ原因ははっきりと解明されておらず，先天的に脳の一部の機能に何らかの障害があると考えられています。有病率も調査・研究によって様々で，はっきりしていません。日本では，精神科医療を受診して発達障害と診断される患者数が年々増加しています。

自閉症スペクトラム障害やADHD，LD等は必ずしも単独で生じるとは限らず併せ持つ，あるいは他の精神疾患と併発する場合もあります。発達障害は加療して治す，障害特性そのものをなくすというよりも，障害の特性に応じた工夫を自分でしたり，周囲からの配慮を得たりしながら日常生活・社会生活上の障壁を緩和する・解消するというのが現在の主流の考え方です。

ADHDには主症状である不注意や衝動を改善する治療薬が存在しますが，その他の発達障害には，主症状そのものを改善する治療薬が現在のところ存在しません。したがって，服薬していない方も少なくありません。一方，生活上の障壁によって生じる抑うつや不安，緊張等の症状や睡眠の問題の改善を目的として服薬している方も大勢います。

☑ 自閉症スペクトラム障害（Autism Spectrum Disorder）

DSM-5では２つの主症状が示されています。１つは社会的コミュニケーションおよび対人的相互反応における持続的な欠陥です。例えば，「対人的な近づき方に問題がある」，「興味，情動又は感情を他者と共有することが少ない」，「コミュニケーションのまとまりが悪い」，「視線を合わせられない」，「身振りや表情が理解できない」，「社会的状況に合った行動を調整することが難しい」，「友人を作るのが難しい」などが挙げられます。

もう１つは行動，興味または活動の限定された反復的な様式があることです。例えば，「意味もなく物を一列に並べる」，「独特な言い回しを繰り返す」，「常に同じであることにこだわり，小さな変化にも極度の苦痛を感じる」，「思考の柔軟さに欠ける」などが挙げられます。さらに，感覚刺激に対する過敏さ，または鈍感さも含まれ，例えば「特定の音に敏感に反応する」，「痛みに鈍感である」などが挙げられます。

発達障害者とともに働く上で，こうした障害特性を一方的に悪いと決めつけず，問題が生じにくくなる配慮を検討するとよいでしょう。例えば，「対人接触の少ない業務を任せる」，「宴会など業務以外の場でのコミュニケーションを強要しない」，「誤解が生じないようにあいまいな表現を避けて明確に指示する，あるいは文字情報や図表を示したり，実際に見本を見せたりする」，「変化が少ないパターンが決まっている業務を任せる」，「エアコンの音や遠くの話し声などが苦痛に感じられる場合は耳栓やノイズキャンセリングヘッドホンの使用を認める」などが代表的な配慮事項と言えます。ただし，それぞれの特性の有無や程度にはかなり個人差があるので，画一的に考えず，個々人に合った工夫や配慮が求められます。

☑ ADHD（Attention Deficit Hyperactivity Disorder）

不注意，多動，衝動の症状がありますが，不注意のみの場合をADDと呼びます。不注意は，例えば「ケアレスミスをしやすい」，「注意の持続が困難」，「指示を忘れる」，「整理が苦手」，「忘れ物が多い」，「約束の時間を忘れる」などが挙げられます。多動は，「じっと座っていられない」，「不適切な状況で歩き回る」，「手足をもじもじ動かす」など，衝動は，「突き動かされるように行動する」，「順番を待てない」，「無計画に行動する」などです。

これらについても障害を緩和・解消する工夫・配慮が有効ですが，ADHDにはメチルフェニデート（商品名コンサータ），アトモキセチン（商品名ストラテラ），グアンファシン（商品名インチュニブ）という健康保険が適用される治療薬もあります。

☑ LD（Learning Disorder）

知的能力そのものは正常な水準であるにもかかわらず，読字や書字，計算能力が低く，日常生活で読み書き計算ができなかったり，仕事上も不便を感じたりします。勉強をすればできるようになると決めつけず，必要な配慮によって問題を緩和・解消させることを検討するとよいです。

※「精神疾患の診断・統計マニュアル（Diagnostic and Statistical Manual of Mental Disorders)」の第5版で，アメリカ精神医学会出版の精神疾患の診断基準・統計分類。精神疾患の研究や臨床における実質的なグローバルスタンダードと言われている。もう1つの世界的な統計分類は，世界保健機関(WHO）が作成したICD-10（「疾病及び関連保健問題の国際統計分類(International Statistical Classification of Diseases and Related Health Problems)」の第10版）（平成30年6月にICD-11が公表され，正式発効は令和4年予定)。

Question 42

発達障害と服薬

最近，薬を飲んでいないようです。大丈夫なのでしょうか？

当社は身体障害者・知的障害者・精神障害者を雇用している社員数60名の特例子会社です。安定して働いてもらうために，精神障害者保健福祉手帳を持っている社員には，業務日報で，本人の同意のもと，服薬や通院の報告をしてもらっています。発達障害があると申告している社員が，最近薬を飲んでいないことが業務日報で分かりました。6か月ほど前に入社した社員です。服薬を守るよう指導したいのですが，どのようにしたらよいでしょうか？

A

☑ 発達障害と服薬

近年，すでに精神障害や発達障害のある方を複数名雇用している企業が増加しています。それぞれに雇用のノウハウを積み上げている企業も増えてきた印象です。その雇用管理のツールとして，業務日報やクラウドを活用した体調管理のツールを活用している企業もあります。また，人事部の方が，障害特性や疾病についてもよく学んでいる場合があります。

そのような背景から，本人の了承のもと入社時に服薬について情報提供を得たり，入社後も通院状況，服薬状況を確認したりしている企業もあるようです。

統合失調症などの精神疾患のある方は服薬により安定している場合がほとんどのため，きちんと服薬することが健康管理において非常に重要な要素となります。自分の判断で断薬すると，症状悪化につながるおそれがあります。

Q 41（160頁）でも解説されていますが，発達障害の場合は，必ずしも服薬が必須とは言えないケースもあります。発達障害そのものは服薬によって治療するものではありません。本人の成長や，対処法によって障害特性が少なくなったように見えても，根本治療ではないのです。生活に支障をきたすような不安や攻撃性，不眠などの二次障害に対して薬物療法が行われます。発達障害の人にとっての服薬は障害特性とのつきあい方，対処法の１つと捉えてよいでしょう。

大まかに言うと，ADHDの方は，衝動性を押さえる薬を使うメリットを感じやすいようです。アスペルガー症候群の方は，うつ症状などの二次障害の症状を緩和させるために薬を使っている方が多いです。

発達障害の当事者の方に聞いたところでは，服薬状況は様々です。例えば，全く通院・服薬していない人，服薬の効果は感じるが副作用が辛いのでやめてしまった人，仕事のある日だけ服薬している人，不安を抑える薬をお守り代わりに頓服薬として持っている人もいます。さらに，睡眠の薬だけを飲んでいる人，主治医に相談し漢方薬の処方をしてもらっている人，主治医と相談しつつ減薬している人，また出産を計画している女性の場合，主治医と相談し計画的に減薬する必要があります。

☑ 職場で服薬を聞く？　聞かない？

雇用管理の上で障害のある社員の服薬が心配な場合は，本人の同意を得て主治医や支援機関から服薬の状況について情報を得ることになりますが，まずは本人に確認されてはいかがでしょうか。発達障害の方はコミュニケーションが不得手で，結論だけを伝えてしまうことがあります。服薬していない経緯や理由を聞いてみて，納得できる理由であれば，あまり心配はいらないのかもしれません。例えば仕事をすることによって，生活が安定し落ち着いてきたので服薬が減った，あるいはいらなくなったということもあり得ます。

一方で，明らかに最近の言動によくない変化が見られたり，仕事の効率が落ちていたりするような場合には，事実を分かりやすい言葉でシンプルに伝えてください。プライベートの出来事が影響していることもあるかもしれません。

服薬していないことが原因と思われる場合は，服薬することの効果を一緒に検討し，主治医の指示を確認して本人の理解を促すことが必要です。一概には言えませんが，発達障害の方は自分で納得しないと行動できない方が多いです。服薬についても同様です。

ADHDの方で忘れっぽくて服薬管理が苦手な方には，具体的な工夫が有効です。例えば，薬を飲んだら手帳に印をつけることや，ポケットのついたカレンダーで飲み忘れを防ぐことも工夫の1つです。訪問看護を活用して服薬指導を受けている方もいます。

補足ですが，採用面接などで服薬の話をする際に，「薬を何錠飲んでいますか？」と服薬の状況を聞いている場合がありますが，服薬の多い・少ないは数では分かりません。1錠のmgによって異なりますし，副作用を抑える薬や胃薬，整腸剤を飲んでいて薬が多くなっている場合もあります。

薬の量では，その方の病気や障害の重さを知ることはできませんし，仕事ができるかどうかを推し量ることもできないので注意が必要です。

Extra

※　発達障害の方が飲んでいる薬と主な症状の例

抗てんかん薬	てんかん
睡眠薬，睡眠導入剤	睡眠障害
気分安定薬	気持ちを安定させる。双極性障害
ADHD治療薬	注意欠如・多動症（不注意，多動，衝動性）
抗精神病薬	易興奮性（興奮，パニック，攻撃的行動など）
抗不安薬	不安障害
抗うつ剤	うつ症状，強迫性障害

Question 43

個別の対応が大切

“グレーゾーン” とは何でしょう？

当社には，入社して半年ほど経つ知的障害の社員が所属しています。他の知的障害の社員たちと協力して業務に携わってもらっていますが，能力自体は他の社員たちより高いにもかかわらず，協調性に乏しい様子でチームになじむことができません。産業医から「発達障害の“グレーゾーン”かもしれない」と指摘されました。“グレーゾーン”とはどういう意味で，当社としてはどのように対応すればよいでしょうか？

A

グレーゾーンとは何か

“グレーゾーン”は正式な医学用語ではありません。しかし，臨床ではよく使われる言葉で，意味は「はっきり発達障害と診断されてはいないが，発達障害の特性がいくらか見られる状態」のことです。精神科医療を受診すれば診断がつくが未受診である場合と，受診しても診断基準を満たさない場合のどちらもあり得ます。

「はっきり診断されていないということは，その程度の軽い障害だから問題は少ないのでは」と思われるかもしれませんが，必ずしもそうではありません。はっきり発達障害と診断されていれば，自他共に発達障害について考えることができて，障害特性に合った工夫を自身でする，配慮を得たりすることができる可能性があります。しかし，グレーゾーンだとそうした工夫や配慮がないために，日常生活や社会生活に支障をきたすかもしれません。「いろいろできるのに，あることはさっぱりできない」というのは，かえって周囲から「手を抜いている，不真面目，性格の問題」などと言われて責められかねません。本人も，努力しても乗り越えられない壁のように強く感じられて自信を失ったり，周囲にばれないように隠そうとしたりして強くストレスを感じることでしょう。

☑ グレーゾーンをどう受け止めるか

事例のように周囲が気づいた場合，一方的に「発達障害の可能性がありそうだから病院で診断してもらえ」と言うのはもちろんよくありません。本人が困っていることに寄り添うような形で話を切り出してみてはいかがでしょうか。事例の場合，例えば「あなたは一人で仕事をする分には十分力を発揮できるけれど，他の人と協力する場面ではうまくいかずに苦労していますね。これまでにも同じように苦労してきたことはありましたか。あれば，そのことについて頼れる人（あるいは機関）に一度相談してみませんか」という具合です。本人の意思で然るべき人や機関に相談してみようと思えることが初めの一歩になります。

実際には，発達障害の特性が明らかにされることで工夫や配慮が可能となり，本人が安心して過ごせるようになったというケースもあれば，そうならないケースもあります。「そうならないケース」とは，例えば本人や家族の障害や精神科医療に対する心理的な抵抗が強くて，頑なに相談を拒む場合が挙げられます。他にも周囲は困っているけれど，本人は全く困っていないので自ら誰かに相談しようという動機がない場合もあります。また，精神科を受診したものの，結果的に発達障害の診断はつかないということもあり得ます。

近年では発達障害の認識が急速に広まり，多くの人が発達障害という言葉を知るようになりました。それ自体は啓発という意味でよい傾向ですが，一方で「あの人は発達障害なのではないか」と安易にレッテルを貼ってしまうのは困りものです。自分の発達障害に気づいてほっとする人も確かにいますが，心の準備ができていない段階で他人からそのように言われれば，戸惑い，傷つく人もいるはずです。そして，最終的な診断は医師しかできないことも忘れてはいけません。本人にグレーゾーンについて言及するのは，白黒つけること自体が目的なのではなく，発達障害に気づいてその特性に応じた工夫をし，配慮を得ることで日常生活や社会生活を送る上での障害が緩和される，あるいは解消されることが目的です。そうした目的の見通しを立てることができるかを検討し，見通しが立たないのであれば慌てて言及せず，タイミングを計るという判断を視野に入れる必要があります。

Question 44

精神障害者保健福祉手帳取得者だけが対象ではない

“療育手帳”を持っている人もいると聞きました。

当社ではここ数年，発達障害者を積極的に採用していますが，みんな精神障害者保健福祉手帳を所持しています。新たに求人応募してきた方が，障害は発達障害ですが，持っているのが“療育手帳”だそうです。当社では初めての経験なのですが，手帳が異なると何が違うのでしょうか？

A

☑ 療育手帳とは

身体障害者の方に身体障害者手帳が交付され，精神障害者の方に精神障害者保健福祉手帳が交付されるのに対し，知的障害者の方には療育手帳が交付されます。障害者手帳については，**Q12（45頁）**を参照してください。身体・精神の手帳と異なり療育手帳は法的裏付けがなく，当時の厚生省の通知に基づいて交付されています。そのため全国一律の基準ではなく自治体による違いがあり，名称が異なる自治体もあります。東京都や横浜市などでは“愛の手帳”，さいたま市や入間市，本庄市などでは“みどりの手帳”，他に“愛護手帳”と呼ぶ自治体もあります。

発達障害のある方の場合，発達障害者手帳はありません。障害者雇用率に算定する障害者雇用では，療育手帳か精神障害者保健福祉手帳を取得していることが必要です。精神科医の診断書を添付して申請し，精神障害者保健福祉手帳を交付されることが多いですが，申請するタイミングやその時の事情によっては，主に知的障害のある方を対象とした療育手帳が交付される場合もあります。

まず，療育手帳の交付手続について概説します。療育手帳が交付されるためには，自治体に申請した後「判定」が必要になります。「判定」は，18歳未満では児童相談所で，18歳以上では知的障害者更生相談所などで行われ，心理判定員や小児科医が面接・聞き取りによって実施します。知能指数（IQ）だけではなく，日常動作なども見て総合的に判断されます。この判定の結果に基づいて精神保健福祉センターで審査が行われ，重度や軽度といった程度の認定区分が決められます。

例えば10代半ばの発達障害のある方が，精神科医療にはかかっていないけれど児童福祉領域の支援機関に様々な相談をしており，障害者手帳の取得を検討しているという場合，精神科医による診断書を添付して精神障害者保健福祉手帳の申請をするのではなく，児童相談所で判定を受けて療育手帳が交付される場合があります。

ただし，発達障害のある方は判定を受ければ必ず療育手帳が交付されるというものではありません。多くの自治体では判定基準となる知能指数をIQ70～79以下としていますが，この基準を満たしていない（つまりIQがより高い），あるいはその他の生活上の困難さを総合的に判断されたときに，療育手帳の対象ではないと判定される可能性があります。それでも障害者手帳を交付してほしいときは，精神障害者保健福祉手帳の申請を検討してみるといいでしょう。

☑ 知能指数をどう捉えるか

発達障害と言いながら療育手帳を所持している人は，知的障害を併せ持っているのかと判断するのも早合点かもしれません。例えば知能指数（IQ）が60だとして，確かに判定基準を下回る数値ですが，具体的にどのような知的能力が平均を下回るのかということを理解することが就労支援では大切になってきます。例えば，「単語の意味はよくわかっているが，文章全体の意味を正しく捉えることができない」や，「言葉は流暢に話すが，作業スピードが極めて遅くてケアレスミスも多い」など。長所に着目して言えば，「言葉は拙いけれど，単調作業を一度身につけると飽きることなく，正確に集中して取り組むことができる」や，「口頭の指示だけでは誤って理解することが多いが，図表入りのマニュアルを見ながらであれば正しく仕事ができる」など。こうした詳細は単に知能指数の数値だけでは分からず，様々な行動を観察して初めて分かることです。知能検査でいうなら，ウェクスラー式知能検査を受けてみるとこうした詳細が見えてきます。知的障害者の知的能力が全般的に低いことに対して，発達障害のある方ではある分野の知的能力が低くても，他の分野の知的能力は高いというでこぼこな状態であることが多いです。この状態を発達凸凹（でこぼこ）と表現する専門家もいます。知的能力の高いところに合わせたパフォーマンスを全般的に期待すると，大きく苦手なことがあって本人は苦しいし，周囲もがっかりするということが起こります。一方，全体を知的能力の低いところに合わせると，簡単すぎて本人のモチベーションが下がってしまう可能性もあります。高い部分の能力を発揮できる業務を担当しつつ，低いところでは配慮を受ける。現実の職場でこのことを実現するのは簡単ではないでしょうが，これが理想と言えます。

まとめですが，発達障害のある方が精神障害者保健福祉手帳を持っているからどう，療育手帳を持っているからどうと一概には言えません。前述のように，障害者手帳を申請したときのタイミングや事情の違いもあるからです。しかし，療育手帳を持っているからには，適切な仕事配置のために仕事能力について実習などを通じて確認した方がよいでしょう（精神障害者保健福祉手帳を持っているから確認する必要がないということではありません。どちらであっても確認できるといいと思います。）。

職業生活の基盤となる日常生活や社会生活を送る上で重要なことは，知能指数（IQ）の値の高低よりもむしろ具体的な障害特性です。例えば，言語的能力に困難がある一方で論理数学的能力が優れている，その逆もありますし，両方ともに困難があることもあります。障害者雇用の現場では，上記の特性を踏まえた仕事配置と教え方の工夫が必要となります。本人の得意なところと苦手なところを実際の職場での実習を通じて整理して，それぞれの「発達凸凹」にあった仕事配置や職場でのフォローが職場定着に有効とされています。こうした工夫については，企業の担当者だけで行うのではなく，就労移行支援事業所の支援者などが行う「定着支援事業」などを利用すると，企業の担当者も支援者に相談をすることができますので，検討されるとよいと思います。

Question 45

本人の適性を見極めて

高学歴な方なのに，単純作業でいいのでしょうか？

当社でこの度採用した方は，国立大学修士課程を修了している32歳の男性です。診断名は広汎性発達障害で，精神障害者保健福祉手帳を取得しています。事務経験もほぼないため，入力作業，郵便物の配布，文具の管理，名刺作成などの簡単な事務作業の仕事を担当してもらおうと考えています。大学院を出ている方に，こんな仕事をお願いしても大丈夫でしょうか？

A

本人の適性を見極めて

「高学歴なのに，単純作業でいいでしょうか？」という質問への答えは，一人一人のワークライフバランスや能力，特性にあった働き方を，事業主と本人が丁寧にコミュニケーションを取りながら構築していくことが望ましい，となります。Aさんのケースを紹介しながら答えたいと思います。

Aさんは，歴史が好きで，歴史学で修士課程を修了しています。プライベートでは今も，歴史をテーマにした漫画を描いており，SNSに発表しています。Aさんは大学院卒業後，就職活動をしましたが，いずれも採用されずアルバイトをしていました。アルバイトを行っていたコンビニエンスストアでは，接客態度はとても丁寧だと店長に褒められましたが，マルチタスク（複数の仕事を同時にあるいは臨機応変に進めること）はうまくできませんでした。お客様が並んでいるときに，品出しを続けていたりして，他のアルバイトから「どうして今，それをしているんだ」と叱責されることは一度ではありませんでした。

障害者就労移行支援事業所の支援を得て，障害を開示して，現在の会社に就職をしました。Aさんは，9時から17時の週3日勤務を希望し，認められました。Aさんは，定型発達（発達障害の特徴が観察されない）の人が感じるよりも，はるかに強い通勤への負担感があり，体力，気力を大きく消耗します。そのため，時短勤務を選択せざるを得ないという背景があるのです。

Aさんは1日のスケジュールを上司に作成してもらい，それに従い仕事を進めています。時間の長さという概念や，優先順位のつけ方が得意ではないため，スケジュールがないと「不安」になります。スケジュールがあることで，「今やっている仕事をいつまですればいいのか」，「次に何をすればいいのか」が明確になりストレスが軽減されるのです。

☑ 定型的でない仕事の方がマッチしたケースも

勤務開始から1か月ほど経過した頃，Aさんの上司から支援機関に，「1冊のファイルの書類を，全てコピーをして同じものをもう1冊作るというコピー業務を頼んだが，ミスが多い。オリジナルのファイルもバラバラになってしまって困惑している」という連絡が入りました。Aさん自身にはできない理由が全くわかりません。

支援機関が，「一度に1つの作業に集中できる」よう段取りの工夫を助言をしました。Aさんは，様々なサイズ，両面，片面，ソーター，ステープルなどのコピーのマニュアルを自分で作成しました。これまでは，コピー機の使い方とコピーの手順を同時に考えなければなりませんでしたが，マニュアルがあることで，コピーの順番などの手順に集中して作業できるのです。このことで，以前よりも落ち着いて取り組むことができるようになり，ミスも減りました。

そして，コピーを取っている際に後ろに人が並ぶことで，焦って頭が真っ白になってしまうため，できるだけ後ろに並ばないように職場の人に配慮してもらうようにしています。上記のちょっとした工夫，配慮により，「コピーをして同じ順番に戻す」という作業ができるようになりました。

その後Aさんは，超過勤務の入力も担当するようになりました。未入力のある部署の所属長に，入力のお願いに行く仕事は，本人に負担があるのではないかと，Aさんの上司は考え，Aさんの仕事から外していました。しかし，

Aさんが職場の人とのコミュニケーションが好きなことが分かっていた支援機関は，「その仕事は本人の負担にはおそらくならない」と助言しました。Aさん本人に確認をしたところ，「その仕事はぜひやりたい」とのこと。自ら伝言メモを作成し，積極的に取り組んでいます。

Aさんの事例からも，単純作業でも発達障害の特性から取り組むことに一工夫が必要なケースもあることが分かります。職場の担当者は当初「大学院を出た方なのに，時間割を作るような手取り足取りの指導は本人のプライドを傷つけるのではないか」とためらっていました。しかし，あまり気遣いしすぎず，率直に伝えることが速やかな解決につながる場合があります。

発達障害者は様々な特性が，仕事・生活場面に様々な形で発現しています。これは一人一人全く異なります。それを踏まえた上で，本人のできる，あるいは希望する働き方を検討していくことになります。環境に慣れることで，障害特性の発現は軽減することもあれば，そのままのこともあります。環境への慣れと調整により，できることは増えてくることが多いというのが筆者の実感です。

また，Aさんも漫画をSNSで公開していますが，プライベートで自己実現をしている人もいます。一方，仕事で自己実現していきたい人ももちろんいます。発達障害のある方は○○，といった固定観念を取り払って目の前の人を見ることが大切だと思います。

Extra

※　発達障害者が働きやすい環境のポイント

- マニュアルやスケジュールなど視覚的なツールを使う。
- 短く簡易な言葉で指示を伝える。メールでの文字での指示をする。
- 焦らせず，目の前の作業に集中できるように配慮する。
- 疲れやすいため短時間勤務から始める。

〈参考文献等〉

- 梅永雄二「職場での合理的配慮」こころの科学 207 号 73-77 頁（2019）

Question 46

病名・診断名にこだわらない

入社時に統合失調症と聞きましたが，発達障害のようなこだわりがあります。

当社では，3年ほど前から精神障害の方を採用し始めました。障害者雇用に関して社内での啓発活動も行い，幸いみな継続して勤務しています。今年入社したある社員のことですが，精障害者神保健福祉手帳を所持しており，病名は統合失調症と説明を受けました。ところが勤務を始めてみると，発達障害の人のようなこだわりがあります。どう理解したらよいでしょう？

A

☑ 障害特性を巡る職場での困惑

実はこのような相談は，企業支援をしている中でよくある事例です。最近は企業の障害者雇用において，入社に当たり本人の障害特性などの情報をきちんと得て，適材適所を図っている例が見受けられます。障害名や障害特性，配慮してもらいたい点を本人が記入する自己紹介シートを提出し，本人の了解ののち部署内で共有する取組を実施している会社もあります。また，支援機関と連携し，本人が伝えきれない点について支援者から補足情報を得ていることもあります。

しかし，面接や書類では本人の特性が詳細には分からないものです。支援者からの情報も，あくまでその施設内や実習場面の限られた範囲の行動観察でしかないため，限界はあります。勤務を始めてから見えてきた「発達障害の人のようなこだわり」とは，意思疎通の困難さが生じているものと考えられます。例えば，本人が細かな言葉尻にこだわりなかなか共通理解が得られない，一方的に話が続く，一度できたことができず本人は別の作業と捉えている，といった現象でしょうか。

いずれも，必ずしも発達障害の人のみに現れる現象ではありません。しかし，精神障害の方と仕事をすることに経験を積んだ方からすれば，「なにか違う」と感じる部分があると思われます。今はインターネットでも発達障害に関する情報は多く，「発達障害では？」と思い当たるわけです。

実際にそのような職場の指摘がきっかけで，本人，家族の希望により心理検査を受けてみたところ発達障害が分かったこともあります。「今までなんだか変だと思っていた。原因がはっきり分かってよかった。職場にも自分の傾向を知ってもらいたい」という感想を持つ方もいます。

しかし，その一方で本人が発達障害の疑いを否定し，心理検査を受けるに至らないこともあります。また，初めに診断名をつけた主治医との関係性が強く動かしがたいこともあります。中高年の方に対してですが，主治医が「仮に発達障害が分かったとしても，今さら何も変わらないのだから明らかにしなくてもいいのでは」と言われたという話を聞いたこともあります。

診断には，医師によって違いが生じることもまた事実です。発達障害の診断にどのような検査や聞き取りを行うかも，医師によって異なります。筆者の臨床経験の事例です。ある統合失調症の方で発達障害の疑いがあったため，家族に協力してもらい発達障害専門の医師の診断を受けました。結果は，統合失調症であり発達障害ではないという診断を得ました。その方の場合は，「統合失調症の発症が早かったため，発達障害のような状態に見えるのでしょう」という医師の助言を得ました。

現在，筆者が支援している発達障害の方の中には，統合失調症を併せ持っている方もいます。発達障害の方の中には，統合失調症の幻聴のような「みんなから悪口を言われている」といった被害的な発言がある場合もあります。

☑ 障害名よりも現状に即した業務の指導が有効

結局のところ，診断名が何であれ，障害名よりも本人の理解の特性にあわせた業務の指示を行い，本人の力を発揮できるよう指導していくという，いわば王道が実は近道ではないかと考えます。例えば，文章化したマニュアルがよいのか，写真を使ったマニュアルがよいのか。口答指示の場合にも曖昧な言葉は使わず，具体的に伝える。いつまでに何をするか，明確にするなどといったことになります。

支援の現場でも，本人の言う障害名や診断名と，支援者側の見立てが異なることはよくあります。そのようなときには，診断名にとらわれずに「その人」を見ることを心がけています。

誰もが得意不得意があるため，発達障害と定型発達は地続きにあるものともいえます。社内で発達障害の社員のために１日の予定をボードに分かりやすく表示するようにしたところ，他の社員にも分かりやすくなったと好評だった，という例もあります。

Question 47

聴覚過敏への合理的配慮

本人がイヤホンを使いたいと言っていますが，来客もあり，ちょっと困ります。

当社では，自閉症スペクトラム症の男性を３か月前から雇用しています。入社したての頃は，緊張をしていた様子でしたが，真面目に与えられた仕事に集中しているので，良い方に来ていただいたと喜んでいました。
ところが，他の社員が上司から指導を受けている声を聞いたことがきっかけで，軽いパニック状態になりました。その後，本人と話し合ったところ，イヤホンをつけることで，安定して働くことができるので使いたいという申出がありました。職場でイヤホンを使われると，話しかけることもできないと思いますし，お客様から見ても不自然ですので，大変戸惑っています。

A

☑ 発達障害の特性の１つ「聴覚過敏」

発達障害の特性の１つに，聴覚過敏というものがあります。周囲の音が苦痛や不快感を持って聞こえ，必要以上に周囲の音を拾ってしまうことで，目の前のことに集中できない状態を指します。周囲の音だけでなく，音声の内容も，本人に影響を与える要因になります。

事例では，上司からの指導を聞いてパニック状態になったとのことですので，声の大きさや，トーン，内容などが本人のパニックのきっかけになったと考えられます。他人が怒られる様子を見聞きすることで，自分自身が怒られていないにもかかわらず，過去に自分自身が怒られた体験をリアルに思い出すことが少なからずあります。「怒られてばかりの人生で，自分が働くことなどできるはずがない」などと考えている人の場合，怒られている人を見るだけで，自分自身が働くことへの自信を喪失するような感覚になることもあるようです。

会社の外から聞こえるサイレンや街宣車の音，職場の同僚の雑談や談笑なども過去の嫌な体験を思い出す引き金になることがあります。また，音声だけでなく，人の往来が刺激になっていることもあります。職場の出入口付近など，人の往来が多い座席は避けたいという配慮を申し出る人もいます。

本人自身も，何が引き金になるか分からないところもあり，人の声は聞こえて不快な音を除去するノイズキャンセリングイヤホンをして仕事に向き合うことができるととても安心な場合もあるのです。

仕事中だけでなく，通勤電車の中でもイヤホン着用で音刺激を防いだりイヤホンで音楽を聴いたりすることは，大変有効です。刺激をコントロールすることで，通勤中の疲れを軽減することができます。

☑ 自己肯定感を育てる関わりを

音から想起される過去の辛い記憶の再生を軽減する，あるいは，周囲に注意を持っていかれずに目の前の作業に集中するために，耳を塞ぐというツールを使うことは有効です。しかし，職場の環境から，イヤホンがふさわしくない場合は，イヤホンを使わない対処方法もあります。刺激を受けたときに，本人がその場から離れることや，本人の苦手な刺激を受けにくい場所に席替えするなどが考えられます。

音声への対処とともに，「職場で怒られずに仕事ができた体験をする」ことがとても大切です。職場で，本人ができていることに対してプラスの評価を伝えることは，本人の自己肯定感によい影響があるでしょう。失敗や怒られた体験を重ねてきた方の中には，刺激の影響を受けやすい傾向の方がいます。もちろん仕事ですので，できていないことは，率直に，怒らないで具体的に伝えてください。一般的な職場では，できていることはそのままで，できていないことを指摘することが多いのではないでしょうか。発達障害のある方と働くときは，よりできていることにフォーカスをして，評価を伝えていただくとよいように思います。

職場で「仕事ができた体験」，「怒られなかった体験」を積むことで，適切な自信が育ち，音等の様々な刺激から，過去の記憶を想起し，仕事に影響を及ぼすことが徐々に減っていくことが期待できます。

Extra

※　音刺激を避けるための様々なツール

- 耳栓
- イヤホン（職場が可能であれば，ホワイトノイズなど効果ある音声を聴くことも効果的）
- ノイズキャンセリングイヤホン（不快な雑音などをカットするヘッドホン。人の話声は除去されない。）

ノイズ（雑音）をキャンセル（低減）する機能を持つイヤホン

〈参考文献等〉

- 中邑賢龍・近藤武夫監修『発達障害の子を育てる本　ケータイ・パソコン活用編』（講談社，2012）

Question 48

許容度は企業それぞれ

よく居眠りをしています。何度注意しても治りません。

当社では昨年，初めて発達障害の社員を採用し，総務部に配属しました。彼はPC入力の正確さなどのスキルは高く，勤怠も安定しています。健康の問題はなさそうなのですが，よく居眠りをしています。何度も注意しているのですが改まりません。他の社員の目もあり困っています。

A

☑ 3つのケースで考える発達障害の「居眠り」

精神障害の方で，睡眠の薬が朝まで残ってしまい，起きにくかったりぼーっとしてしまったりする場合は，主治医と相談して服薬調整をすると効果が現れることがあります。また，人によっては睡眠時無呼吸症候群があり，その治療をしたところ居眠りがなくなった人もいます。ナルコレプシーという日中に過剰な眠気が起きてしまう病気もありますし，軽いてんかんの場合，傍目には居眠りをしているように見えることもあります。このような原因による居眠りの可能性も考慮すべきですが，本稿では発達障害にありがちな場面について考えます。

筆者の所属するNPO法人での支援においても，睡眠の問題が出てきてしまった例を経験しています。Aさんはとても真面目で，PC入力のスピードと正確さは抜群でしたが，突然寝てしまうことがありました。学生時代もそうだったということです。複数の専門病院に行き検査をしても，はっきりと原因が分からず治療法も見つかりませんでした。

一般には昼食後に眠くなることは誰でもよくあり，軽くストレッチをしたりガムを噛んだりして眠気に対処しているものです。しかしAさんに聞くと，そのような対象法は試してみたものの，どうしようもなく寝てしまうのだそうです。ただ，Ａさんは勤怠状況がよく，遅刻することはありませんでした。また，長時間寝てしまうことはなかったため，結局は休憩としてみていただいている状態です。

また，Ｂさんの場合は，スキルは高く仕事の評価は高かったのですが，遅刻が多く，それも数時間の遅刻が頻発していました。Ｂさんは仕事に対する責任感も高く，やる気もあったため何度も上司と話し合った結果，Ｂさんの場合は時間給での雇用契約としました。

Ｃさんの場合は，台風の時期など気圧の低い日に強い眠気に襲われるという傾向がありました。頑張って起きていようとしても，意識がもうろうとしている様子でした。帰宅したらすぐに就寝して睡眠をしっかり取るなどの対応をしましたが，Ｃさんの場合は離職しています。

☑ ルールを決めることの重要性

発達障害の方の勤務中の居眠りについては，一般的に常識と思われる「前の晩に早く就寝すればいいはず」，「上司に注意されれば気持ちが引き締まるはず」という考えとは異なる視点が必要と思われます。

発達障害のある方で睡眠障害があるのはよくあることです。睡眠障害とは，眠りに入るのにとても時間がかかったり，いったん寝ても目が覚めて眠れなくなったり，眠りが浅かったりします。不眠と過眠を繰り返し睡眠リズムが崩れてしまい，いつ起きているか分からないという人もいます。学生時代には大目に見てもらえても，職場となるとそうはいきません。

眠ってしまう原因は特定が難しいのですが，過集中の反動として電池が切れたようになってしまっているのかもしれません。職場によって，また職種によって居眠りに対する許容範囲は異なると思われます。雇用されている以上，その職場の基準にあわせるよう努力しなければなりません。

どうすればよいかを率直に話し合い，例えば「居眠りしている様子に気付いたら，軽く肩をたたいて起こしますよ」といったルールを作っておくとよいでしょう。発達障害の方の場合，体を触られるのは苦手だという人もいます。その場合は「声をかけますよ」というようなルールを定め，効果があるかどうかを検討します。

業務の調整としては，席を立って歩く作業を挟んだりしている場合もあります。眠くなる時間帯に小休憩を挟むことも考えられます。同じ部署の社員には本人の同意を得た上で，障害特性と配慮を伝えて理解を得ておくことも必要です。

居眠りの状態が目に余り，上記のような合理的配慮をしても業務遂行ができないようであれば離職もやむなしと思われます。学生時代にアルバイトをいくつか経験し，自分の適性を判断することは一般的に多いと思います。しかし発達障害の方はそういった体験が少なく，学生時代は通学で精一杯だったということをよく聞きます。若年の発達障害の方が，何度か転職を経験し社会人として成長することはよくあり，長い目で見たときに離職は必ずしもマイナスではありません。

Question 49

評価の軸を明確に

簡単な伝票作成に何時間もかかります。それなのに給与アップを求められ困ります。

前職（IT 業界）でうつになり，治療の過程で発達障害が分かり障害者求人で当社に入社しました。納期が厳格な仕事やコミュニケーションが苦手と聞き，総務部に配属しました。プレッシャーの少ないと思われる仕事をしてもらっていますが，宅急便での配送伝票記入や配送伝票入力などの仕事に何時間もかかっています。それにもかかわらず給料アップを求められています。どう対応したらよいでしょうか？

A ☑ 適性を見極め場合によっては業務内容の見直しも

今回のケースで大切なことは，課題が生じた際にその都度，修正をはかることです。そして，なぜ課題が生じたのかを，本人の特性から整理していくことが重要です。

例えば，事例から書き写すことが苦手という特性が推測されます。具体的には，目と手の協応の困難さが考えられます。このような困難さを持つ方は，日常の生活の中で何かを書き写す，または何かを見ながら入力するなどの動作を得意としません。

日ごろからそのような状況が見られるかなど，様子を確認するとよいでしょう。もし日常的にそのような様子が見られる場合は，何かを見ながら入力をすることや物を書き写すなどの作業に適性があるとはいえないため，本人と相談をしながら，職務の配置換えを検討してはいかがでしょうか。配送伝票記入や入力でなく，メール便の仕分けなど，身体を動かすことが多い職務内容の方が適している可能性もあります。ぜひ，一度本人と相談をし，本人に合った職務内容を再検討していくとよいかもしれません。

☑ 感覚過敏や刺激統制の困難への対応

発達障害の特性の１つに，感覚過敏があります。具体的には，音・におい・ほこり・温度・明るさなど様々な要因によって，本来その方が持つパフォーマンスが発揮することができなくなってしまう可能性があります。

例えば，蛍光灯の「チカチカ」する音に過剰反応してしまい，その音が脳裏から離れない，エアコンの設定温度などが他者よりも体感的に高く，あるいは低く感じてしまい，それらがきっかけとなり，作業に集中できなくなるなどといった可能性がうかがえます。そのため，考えらえる環境要因の項目を掲げ，それらに対し評価を実施し，そのような状況が起こり得るのかどうかを分析してもよいでしょう。

次に，刺激統制の困難さがあります。このような困難さが生じる場合は，道具の配置，作業スペース，レイアウトなどについて見直してみることが大切です。例えば，作業スペースなどが狭いと圧迫感を感じ，心理的ストレスにつながることが考えられます。逆に広すぎてしまうと，情報が多く入り過ぎてしまい，どこから手をつけたらよいのかわからないなどの課題が生じます。また，同僚の座る位置なども刺激となる場合があります。座る位置が対面式になっていた場合，目の前にいる人の動きが気になり，作業に集中できないといった状況などです。このような状況が実際にあるかどうかを確認し，本人が混乱なく取り掛かれるような環境調整を行うと，配送伝票の作業スピードが高まるかもしれません。

☑ コミュニケーションの困難さへの対応

発達障害の特性の１つに，コミュニケーションによる困難さがあります。例えば，同じ職務内容であっても指示をする人が変わることで，受け止め方が変わってしまい，正しく作業に取り掛かれないということも考えられます。そのようなリスクを軽減するには，指示形態を統一し，誰がどのように指示をしたのかを整理して伝えるとよいでしょう。また，配送伝票の書き方に関して理解できておらず，誰にどのように聞けばよいのかわからない，またはタイミングがとれないなども考えられます。そのような場合，定期的に確認をする場を設けるなど，本人と上司とのミーティングの時間をスケジュール化するとよいと思います。

このようにすることで，どこまで集中を保てばよいのかなどの基準を設けることができるしょう。そして，作業と報告のパターン化を図ることで，活動のメリハリがつき，より集中力が高まりやすくなるかもしれません。このように，報告をパターン化し，本人が集中しやすい状況を作り出すことも必要かと思います。

☑ 特性を考慮した評価設定

また，個別の評価を具体的に示すことも重要です。評価軸を明確にし，その評価内容をもとに，給料アップにはどのくらいの到達度が求められるのかを整理して伝えるとよいでしょう。発達障害者の特性の1つに，こだわりが強く出過ぎてしまう傾向があります。もし評価の枠が明確でなく，「自分はできている，大丈夫である」という意志によるこだわりが強まった場合，その特性が表面化し，周囲や他者の意見に耳を傾けず一方的な思いを伝えようとするかもしれません。まずは，そのような状況下であるかどうかを具体的に確認し，評価表をもとに，現状の到達度を視覚的に伝えるとよいでしょう。

評価表があることで，自分の到達度合いや目標が明確になり，気持ちの折り合いがつきやすいかもしれません。本人が望む給料アップに向け，どういったスキルが求められるのかなど，お互いに共通認識を持てるような目標設定を設けることが望ましいと思います。

Question 50

コミュニケーションの特性を理解する

「体調が悪い」とよく休んでいますが，翌日はケロッと出社しています。本当に体調が悪いのでしょうか？

入社２年目の発達障害の社員のことなのですが，発達障害の方は体力的には安定していると聞いていました。また，本人の希望で初めからフルタイムで勤務しています。しかし有給休暇を使い切った上，「体調が悪い」と元気な声で電話してきます。さらに翌日は元気そうに見えます。本当に体調が悪いのでしょうか？　社内で疑いの目を向けられ，他の社員と溝ができているように思い心配です。

A

☑「体調が悪い」の意味するところとは

「体調が悪い」とは，多くの人にとっては風邪を引いた，腹痛などのいわゆる身体の病気や不調を指します。しかし，支援の現場で見えてくるのは，発達障害の方にとっての「体調が悪い」は，これらとは異なる意味を持つことです。

例えば，職場で起きた出来事やちょっとした一言が，本人にとっては衝撃的に感じ動揺してしまって落ち着くまでに時間がかかることがあります。「パニック」という言い方をすることもありますが，これはパニック障害（※１）やてんかん発作とは異なります。頭が真っ白になって何も考えられなくなることや，感情的になって押さえきれなくなりそうな感覚があり，仕事どころではなくなってしまうのです。どうしようもなく体が重く，ムカムカするような身体感覚を伴うこともあります。そういった状態に対して，「体調が悪い」と表現する場合があります。時には本人にも原因が分からないときもありますし，たまたま目にした光景や家庭での出来事が原因のこともあります。

では，どうすればよいのでしょう。「体調が悪い」という連絡の時には，原因を追及せず，落ち着いて話ができるときに勤務時間の見直しをするなり，体調が悪くても一度は出勤してみることを検討してはいかがでしょうか。

過剰適応といい，本人の自覚がなく無理をして周囲にあわせていることもあります。同じ精神障害者保健福祉手帳を持った障害者の方でも，統合失調症などの精神疾患の方は易疲労性といって疲れやすく短時間勤務を希望される方は多いです。一方，発達障害の方の場合は体力的には安定している方が多いのは確かですが，発達障害の特性ゆえの疲れやすさ，不安定さがあるようです。

例えば，**Q 48（183 頁）**でも述べた過集中です。一般的には集中して仕事を行うのはよいことなのですが，発達障害の方の場合は，時に周囲の声も耳に入らないような集中力を発揮し，その反動で疲れてしまうのです。過集中から疲れに至る体調のモニタリングができない傾向もあります（※2）。

また，感覚過敏（※3）というものは，音，光，味覚，触覚すべてに対してありうるものです。職場の場合，電話やコピー機の音が耳に突き刺さるように感じる，蛍光灯がまぶしく感じる，ネクタイが苦しい，といった訴えを当事者からよく聞きます。

☑ 発達障害特有のコミュニケーションから誤解を生まないために

障害のある方とともに働くという観点から，もう１つ知っていただきたいことがあります。発達障害の方がコミュニケーションが苦手であるのは，よく知られています。これも人によって幅があるのですが，声の音量を調節できず，「会社では元気よく」と覚えると同じ調子でいつも大きな声で話してしまう人がいます。また，多くの場合ボキャブラリーは少なく表現が単純なことがあります。「体調が悪いので休みます」と覚えた言葉を繰り返し使っていて，「風邪ですか？　熱があるんですか？」などと予想外の質問をされると，言葉に詰まってしまうことも想像できます。するとその電話を受けた社員は「なんだろう……。元気な声なのに休み？」と不信感を持ってしまうのです。

精神障害や発達障害の方に対して，なかなか踏み込んだ話ができないまま不信感を持ってしまうことは，お互いによくありません。発語が少ない方など，なかなか思うような会話にならないこともあるのですが，本人なりの考えや，よかれと思ってとっている行動があります。それが社会の常識とはずれていることがあるかもしれません。もしも適切な行動を知らなかっただけのことだったならば，知ることが第一歩なので指摘してください。

「直接的に指摘することが，本人を傷つけてしまうのではないか」と心配になるかもしれませんが，遠巻きにして，相互理解の機会を失してしまうよりも理解できる言葉や方法で客観的な事実を伝えることが大切です。

Extra

※1　突然，なんのきっかけもなく動悸，呼吸困難，吐き気などのパニック発作が起こり，何度も繰り返される病気。不安障害の1つ。

※2　自分の体調に過敏な人がいる一方，体調を把握することが苦手な人もいる。そのため，疲れをため込んで，あるときにどっと疲れてしまうことがある。

※3　聴覚，視覚，触覚，味覚，嗅覚などすべての感覚領域で，様々な刺激に対して起こる。1つの感覚だけに過敏な場合もあれば，いくつも過敏な場合もある。発達障害の方によく見られるが，必ず感覚過敏があるわけではない。

おわりに

今春，世界的な新型コロナウイルス感染拡大により，仕事の優先順位の検討や，業務の見直しの必要性に迫られたのではないでしょうか。障害者雇用に取り組む企業等においては，多様な障害特性のある人材を組織で活かしていくために，仕事の洗い出しを幅広い部門で実施し，パフォーマンスをあげ，多様な人材とともに働くインクルーシブな職場を実現している企業が増えました。具体的な方法は以下のとおりです。①職場の各人が自分の仕事を上司から要請されている基幹業務と周辺業務に分けます。②優先順位を上司と面談の上，決めていきます。③より優先度の高い基幹業務にできるだけ専念できるように周辺業務は適材適所の視点で見直します。そして，新たに基幹業務の一部や周辺業務を担う後輩，新入社員，外部委託，派遣社員，パート社員が新たな仕事に挑戦していく。精神障害のある労働者の中には，システム開発やプログラミングで優れた能力を発揮されている方がいます。また幅広い仕事に適性があるので，これから仕事の幅がさらに広がると考えています。

精神障害のある方は，体調の波によって長時間連続して勤務することが難しい，集中力が続かない，といった特性があると指摘されています。しかし「新たな生活様式」での働き方として，オフィスで短時間働く，サテライトオフィスや自宅でフルタイムはもちろん，午前中だけ働く，午後から働く，６時間働く，週３日働く，など働く場所と勤務日，勤務時間が柔軟な働き方が当たり前となれば，戦力として先のような方法で洗い出された業務で貢献できる障害のある労働者は少なくありません。多様性のあるインクルーシブな職場こそ令和時代の新たな職場の姿かもしれません。

本書をまとめるにあたり多くの執筆者の方々にご協力をいただきました。さらに，各章幹事の先生方には，事例の調整，執筆者とのコミュニケーション，原稿の執筆及び推敲など，多大なお力添えをいただきました。そして，日本加除出版の小室裕太郎氏，岩満梨紗氏は丁寧に原稿を読み込んで，刊行までの道のりを支えてくださいました。厚く御礼を申し上げます。

2020年７月

新型コロナウイルス感染拡大で誰もが新しい働き方を模索しているこの時に

編著者　眞保　智子

事項索引

【た】

【な】

【は】

【ま】

【や】

【ら】

編著者・執筆者紹介

【編著者】

眞保　智子（しんぼ・さとこ）
法政大学現代福祉学部　教授
〔執筆担当〕Q 7，Q21，Q25，Q29

博士（経済学），精神保健福祉士。高崎健康福祉大学准教授を経て2014年から法政大学現代福祉学部教授。

障害者雇用とキャリアデザイン，休職者の職場復帰支援，職業リハビリテーション，若年者支援とキャリアデザイン等を研究。厚生労働省「今後の障害者雇用促進制度の在り方に関する研究会」「精神障害者等の就労パスポート作成に関する検討会」委員，独立行政法人高齢・障害・求職者雇用支援機構外部評価委員などの社会活動や障害者雇用・就労支援に関連したダイバーシティとインクルーシブな組織について企業や自治体等での研修やセミナーでの講演活動も多数。

近著に『改訂版　障害者雇用の実務と就労支援～「合理的配慮」のアプローチ』（日本法令，2019年）。

【執筆者】

池田　浩之（いけだ・ひろゆき）
兵庫教育大学　学校教育研究科助教，NPO 法人大阪精神障害者就労支援ネットワーク（JSN）主任（JSN 地域・企業連携事業部）
〔執筆担当〕第２章幹事，Q11，Q20

前原　和明（まえばら・かずあき）
秋田大学　教育文化学部　准教授
〔執筆担当〕第４章幹事，Q31，Q33，Q36，Q39，Q40

大島　みどり（おおしま・みどり）
NPO 法人 NECST ユースキャリアセンターフラッグ施設長
〔執筆担当〕第５章幹事，Q42，Q46，Q48，Q50

荒井　康平（あらい・こうへい）
独立行政法人高齢・障害・求職者雇用支援機構　障害者職業総合センター（※執筆時）
〔執筆担当〕Q１，Q２

佐藤　あゆみ（さとう・あゆみ）
社会福祉法人かんな会　障害者就業・生活支援センタートータス　所長
〔執筆担当〕Q３，Q４

吉野　敏博（よしの・としひろ）
NPO 法人かながわ精神障害者就労支援事業所の会　理事
就労継続支援Ｂ型　ホープ大和　施設長　管理者
〔執筆担当〕Q５，Q26

玉城　由美子（たましろ・ゆみこ）
社会福祉法人加島友愛会　かしま障害者センター Link
〔執筆担当〕Q 6

田川　精二（たがわ・せいじ）
くすの木クリニック
NPO 法人大阪精神障害者就労支援ネットワーク（JSN）
〔執筆担当〕Q 8

中川　均（なかがわ・ひとし）
NPO 法人全国精神保健職親会　理事長
〔執筆担当〕Q 9

三木　佐和子（みき・さわこ）
働くピアサポートグループ　伴走者の会
地域住民とピアの協同型ボランティアグループ　ホホホ・ザ・わいわい
〔執筆担当〕Q10

茂木　省太（もぎ・しょうた）
NPO 法人大阪精神障害者就労支援ネットワーク（JSN）　統括施設長補佐
〔執筆担当〕Q12，Q13，Q18

奥脇　学（おくわき・まなぶ）
有限会社奥進システム　代表取締役
〔執筆担当〕Q14，Q15，Q17

谷口　敏淳（たにぐち・としあつ）
一般社団法人 Psychoro（サイコロ）代表理事
〔執筆担当〕Q16，Q19

江本　純子（えもと・じゅんこ）
県立広島大学　保健福祉学部　准教授
〔執筆担当〕Q22，Q24

税所　博（さいしょ・ひろし）
ボッシュ株式会社人事部門業務サポートセンター長
〔執筆担当〕Q23-1，Q23-2，Q30-1，Q30-2

井上　卓巳（いのうえ・たくみ）
パーソルサンクス株式会社エグゼクティブアドバイザー
〔執筆担当〕Q27

加藤　正美（かとう・まさみ）
パーソルサンクス株式会社サポート本部人事部人財開発室　マネージャー
〔執筆担当〕Q28

山口　理貴（やまぐち・りき）
一般社団法人 Bridge　代表理事
〔執筆担当〕Q32，Q34，Q35

菊池　麻由（きくち・まゆ）
独立行政法人高齢・障害・求職者雇用支援機構　秋田支部　秋田障害者職業センター　障害者職業カウンセラー
〔執筆担当〕Q37

嵯峨　美貴子（さが・みきこ）
社会福祉法人慈泉会　事業統括部長
〔執筆担当〕Q38

柴田　泰臣（しばた・やすおみ）
NPO 法人 NECST ビルド神保町施設長
〔執筆担当〕Q41，Q43，Q44

緒方　暁子（おがた・あきこ）
NPO 法人 NECST ユースキャリアセンターフラッグ
〔執筆担当〕Q45，Q47

縄岡　好晴（なわおか・こうせい）
大妻女子大学人間関係学部　助教
〔執筆担当〕Q49

精神障害・発達障害のある方とともに働くためのQ&A50
〜採用から定着まで〜

2020年8月31日　初版発行

編著者　眞保智子
発行者　和田　裕

発行所　日本加除出版株式会社
本　社　郵便番号171-8516
東京都豊島区南長崎3丁目16番6号
TEL（03）3953-5757（代表）
（03）3952-5759（編集）
FAX（03）3953-5772
URL www.kajo.co.jp

営業部　郵便番号171-8516
東京都豊島区南長崎3丁目16番6号
TEL（03）3953-5642
FAX（03）3953-2061

組版・印刷　㈱亨有堂印刷所　／　製本　藤田製本㈱

落丁本・乱丁本は本社でお取替えいたします。
★定価はカバー等に表示してあります。

Printed in Japan
ISBN978-4-8178-4670-9